A *nova geração*
reflexões sobre a regeneração da Humanidade

Solicite nosso catálogo completo, com mais de 300 títulos, onde você encontra as melhores opções do bom livro espírita: literatura infantojuvenil, contos, obras biográficas e de autoajuda, mensagens espirituais, romances palpitantes, estudos doutrinários, obras básicas de Allan Kardec, e mais os esclarecedores cursos e estudos para aplicação no centro espírita – iniciação, mediunidade, reuniões mediúnicas, oratória, desobsessão, fluidos e passes.

E caso não encontre os nossos livros na livraria de sua preferência, solicite o endereço de nosso distribuidor mais próximo de você.

Edição e distribuição

EDITORA EME

Caixa Postal 1820 – CEP 13360-000 – Capivari – SP

Telefones: (19) 3491-7000/3491-5449

vendas@editoraeme.com.br – www.editoraeme.com.br

Marco Antônio Vieira

A
nova geração
reflexões sobre a regeneração da Humanidade

Capivari-SP
— 2014 —

© 2011 Marco Antônio Vieira

Os direitos autorais deste livro são de exclusividade do autor.

A Editora EME mantém, ainda, o Centro Espírita "Mensagem de Esperança", colabora na manutenção da Comunidade Psicossomática Nova Consciência (clínica masculina para tratamento da dependência química), e patrocina, junto com outras empresas, a Central de Educação e Atendimento da Criança (Casa da Criança), em Capivari-SP.

5ª reimpressão – janeiro/2014 – Do 5.501 ao 6.000 exemplares

CAPA | Abner Almeida
DIAGRAMAÇÃO | Editora EME
REVISÃO | Cristian Fernandes

Ficha catalográfica elaborada na editora

Vieira, Marco Antônio,
    A nova geração – reflexões sobre a regeneração da humanidade / Marco Antônio Vieira – 5ª reimp. jan. 2014 – Capivari, SP : Editora EME.
    168 p.

    1ª edição : jan. 2010
    ISBN 978-85-7353-427-6

    1. Espiritismo. 2. Bíblia. 3. Planeta Terra. 4. Humanidade.
    5. Exilados. 6. Regeneração/transformação. I. Título.

CDD 133.9   CDU 133.7

Dedico este livro à minha esposa, Mabel Farias, amada imortal, alma afim que o Criador enviou em meu socorro. Aos meus três filhos, Daniel, Fernando e Sophia, com os quais tenho aprendido cotidianamente as lições de Amor Eterno, apesar da minha pequenez. E a todas as pessoas, encarnadas e desencarnadas, que desejam, do fundo de suas almas, **a vitória eterna do bem**.

*Nos últimos tempos, diz o Senhor, espalharei do meu
espírito por sobre toda a carne; vossos filhos e vossas
filhas profetizarão, vossos jovens terão visões e vossos
velhos terão sonhos; nesse dias, espalharei do meu espírito
sobre os meus servidores e servidoras e eles profetizarão.*

(Atos, 2:17-18)

Sumário

Palavras iniciais 11

PRIMEIRA PARTE
Alguns parâmetros 19

Introdução 21

I.   Saber e crer 25

II. Ciência, filosofia e religião 31

III. Dedução e indução como métodos 39

IV. Matéria e energia 49

V.   O planeta Terra: Algumas referências gerais 55
    1. O planeta azul 56
    2. O *Homo sapiens* no planeta 59
    3. A maioridade terrestre 62

VI. Terra: População e Estatísticas 67
    1. Primeiro exercício 69
    2. Segundo exercício 69
    3. Terceiro exercício 70
    4. O meio... o centro... 71

Segunda Parte

A Doutrina Espírita como referencial ... 75

I. Sobre o atual processo de regeneração nas obras básicas ... 77

II. *O Livro dos Espíritos* (1857) ... 81
   1. Sinal dos tempos ... 81
   2. O exílio ... 82

III. *O Livro dos Médiuns* (1861) ... 85
   Transição ... 85

IV. *O Evangelho Segundo o Espiritismo* (1864) ... 87
   Transição ... 87

V. *O Céu e o Inferno* (1865) ... 89
   1. Punições ... 89
   2. Transição ... 90

VI. *A Gênese* (1868) ... 93
   1. Transição ... 94
   2. Sinais dos tempos ... 95
   3. Exílio ... 95
   4. Progressão dos mundos ... 98
   5. Sinais ... 99
   6. Novos tempos são chegados ... 100
   7. As novas gerações ... 102
   8. Regenerados: predisposição para o bem 105

VII. Informações complementares –
   Obras Póstumas (1890) ... 107
   1. Transição ... 108
   2. Renovação ... 109
   3. Regeneração da Humanidade ... 109

TERCEIRA PARTE
Outras Obras Espíritas de referência 111

Introdução 113

I. *A Caminho da Luz* – Emmanuel/
Chico Xavier (1939) 115
   1. Transição 115
   2. Lutas renovadoras 116
   3. Tempo de reajustamento 116
   4. Corações endurecidos e o exílio 117

II. *Obreiros da Vida Eterna* – André Luiz/
Chico Xavier (1946) 121
   1. Renovação consciencial 122
   2. Desintegradores elétricos 122

III. *Os Exilados da Capela* – Edgard
Armond (1951) 125
   A passagem do milênio 126

IV. *Memórias de um Suicida* – Camilo Cândido
Botelho/Yvonne Pereira (1955) 129
   1. Rigorosa seleção e o parto de valores 130
   2. Os incorrigíveis 131
   3. Socialismo fraterno 131

V. *O Espírito e o Tempo* – Herculano Pires (1964).. 133

VI. *Evolução para o Terceiro Milênio* – Carlos
Toledo Rizzini (1977) 135
   1. Renovação mental 136
   2. Última chamada e o degredo 136

VII. *Pedagogia Espírita* – Herculano Pires (1990) 139

VIII. *Entre Verdades e Sorrisos* – Newton
de Barros (1991) 141
1. Emigração 142
2. Família 142
3. Força moral 142

QUARTA PARTE

Juntando os pontos e amarrando as pontas 145

Bibliografia 161

Conheça o autor 165

Palavras iniciais

Este livro é o resultado de um processo que se originou em janeiro de 1988, quando iniciamos, de forma mais metódica, os nossos estudos e as nossas pesquisas sobre a marcha evolutiva do planeta Terra e, consequentemente, da Humanidade. No Instituto de Cultura Espírita Deolindo Amorim – ICEDA (com sede no Grupo da Fraternidade Irmã Scheilla – GEFIS, na cidade de Nova Iguaçu, RJ) que, naquele período, era dirigido e coordenado pelo nosso inesquecível amigo e mentor encarnado, professor Newton Gonçalves de Barros, recebemos a grave tarefa de estudar o livro *A Gênese*, organizado por Allan Kardec (editado pela Federação Espírita Brasileira).

Daquele tempo para cá não paramos mais de estudar e refletir a respeito do assunto, reunindo informações e dados, aqui e ali, que agora apresentamos aos nossos prováveis leitores e leitoras em forma de livro.

O material foi organizado, inicialmente, de acordo com as nossas anotações pessoais, com as quais preparávamos as nossas palestras mensais no ICEDA/GEFIS. Posteriormente, fomos anexando outros textos de Kardec, e depois outras obras subsidiárias que nos chegavam às mãos. Assim, aqui tentaremos apresentar aos nossos irmãos e irmãs em Cristo, algumas informações do pensamento científico, do pensamento filosófico e do pensamento religioso que nos apoiaram nesta caminhada.

Todavia, desde agora queremos que fique bem claro que o nosso desejo não é o de promovermos uma polêmica estéril, sensacionalista e infundada sobre a tese principal, que é o objeto central deste livro.

Não desejamos macular as mentes dos nossos leitores e leitoras com um tipo de otimismo exagerado e não-crítico, ou com um pessimismo paralisante (que pode provocar a dúvida, a discórdia e a descrença, entre outras coisas).

Não queremos, tão pouco, incutir "nossa forma de pensar" como se fosse a única, a mais correta e/ou verdadeira.

A nossa vontade primeira é a de dividir, sim, com os nossos irmãos e irmãs o desejo e a possibilidade de construirmos, juntos, uma *esperança operosa e racionalizada*, ou seja, um otimismo que não é ingênuo e uma esperança que trabalha para o bem individual e coletivo, sempre sob a ótica do Espiritismo.

Queremos também compartilhar uma ideia (que consideramos, no mínimo, positiva) que tem nos acompanhado nos últimos vinte anos de estudos, debates e pes-

PALAVRAS INICIAIS

quisas espíritas: existem vários indícios de que um novo
'céu' e uma nova Terra se nos apresentam.

E, por uma questão de consciência e de ordem ética,
devemos apresentar aqui algumas informações sobre a
nossa posição intelectual e as nossas principais bases bi-
bliográficas:

a) Primeiro que tudo, esta não é uma obra mediúnica
(psicografada ou ditada por espíritos), embora possamos
considerá-la, em sentido lato, uma obra inspirada.[1]

b) Entendemos que Jesus é **o mestre, o guia e o mo-
delo da Humanidade,** e para as lições dele a nossa fonte
principal foram os Evangelhos.

c) Depositamos a nossa total confiança na Doutrina
dos Espíritos, codificada por Allan Kardec, e aqui usamos,
principalmente, as cinco obras básicas (o 'pentateuco kardequiano').[2]

d) Compreendemos que a mediunidade de Francisco
Cândido Xavier (Chico Xavier) e a sua obra são de caráter
inquestionável e dele utilizamos, por exemplo, alguns livros específicos de Emmanuel e de André Luiz (que constam em nossa bibliografia).

e) Todas as obras complementares, da literatura espírita, que utilizamos neste trabalho, estão invariavelmente
de acordo com as referências anteriormente citadas: Jesus,
Allan Kardec, Emmanuel e André Luiz.

Do *Novo Testamento* buscamos, nas palavras do mestre Jesus, as informações necessárias aos nossos argumentos sobre a transição planetária (e também encontramos
preciosas informações no *Velho Testamento*).

---

[1] Porque a organização de todo o material e a produção do texto final deu-
-se em menos de um mês.

[2] *O Livro dos Espíritos; O Evangelho Segundo o Espiritismo; O Livro dos
Médiuns; O Céu e o Inferno; A Gênese.*

14 A NOVA GERAÇÃO

Encaminhamos nossos pensamentos sob as luzes das obras básicas de Allan Kardec, de onde virão os nossos principais objetos de reflexões, principalmente do livro *A Gênese*.

Finalmente, recorremos à literatura espírita geral, especialmente às obras de Chico Xavier, Yvonne Pereira, Carlos Toledo Rizzini, Herculano Pires, Edgard Armond e Newton G. de Barros. Porque são autores renomados no ambiente espírita, por isso mesmo a seriedade e o peso de seus argumentos a respeito do processo renovador do planeta Terra, que se opera no presente.

Continuando com o nosso raciocínio, de acordo com a nossa compreensão do mundo no qual vivemos, verificamos que há dois milênios, aproximadamente, a Humanidade terrestre recebeu um roteiro seguro para alcançar a Luz: os Evangelhos (ou a Boa Nova). E, entre nós, aquele mensageiro da Luz ficou conhecido pelo nome Jesus de Nazaré.

Da mesma forma, pensamos que, há dois mil anos, também se iniciou uma espécie de "contagem regressiva" para uma determinada parcela dos habitantes do globo terrestre. Um grupo formado pelos corações endurecidos, recalcitrantes e reincidentes no mal, enfim, os que não desejam (por enquanto) seguir adiante.

Quase dois milênios depois do advento dos Evangelhos (mais exatamente aos 18 de abril de 1857), a Humanidade recebeu *O Livro dos Espíritos*, o consolador prometido por Jesus. O Paráclito ou Espírito de Verdade chegava ao mundo.

E estamos fortemente inclinados a admitir que o advento da Doutrina dos Espíritos se nos afigura como uma espécie de "última chamada", na qual está inserida a mensagem retumbante: **os tempos são chegados**. O Espiritismo parece que, por uma derradeira vez, nos anuncia: "Veja quem tem olhos para ver, ouça quem tem ouvidos para ouvir..."

E, no último livro organizado por Allan Kardec, em sua breve, profícua e iluminada passagem pelo orbe terrestre *(A Gênese)*, a importante e urgentíssima mensagem dos novos tempos.

Acreditamos que, para o exercício da reflexão conjunta, devemos primeiro nos abster das ideias preconcebidas, para que se abram espaços às novas possibilidades de entendimento.

A história demonstra, por exemplo, que o motor da evolução humana é alimentado por ideias novas e pelos acontecimentos sucessivos, nos quais a criatura humana é sujeito e objeto, simultaneamente.

Não estamos aqui sugerindo que "redescobrimos a roda" ou que "reinventamos o fogo". Nosso intuito é o de reunir e de apresentar um conjunto de informações que circulam entre nós (algumas delas há séculos), desde o *Velho Testamento*, passando pelos Evangelhos e, finalmente, nos livros que compõem a Doutrina dos Espíritos.

Acreditamos que esse conjunto de informações, quando visto por outros ângulos, pode nos remeter a formas diferentes de pensar (uma atitude mental diferente, positiva, edificante) e que, por efeito, nos permita programar (ou reprogramar?) novas atitudes, novos comportamentos, novos hábitos etc.

Desta forma, repetimos, fomos colher os nossos dados em várias fontes e, após uni-los, verificamos que, para o caso específico de um estudo sobre a transição planetária, uma visão parcial pode ser limitadora. E, no mesmo sentido, observamos, ainda, a necessária construção de uma visão mais abrangente, buscando açambarcar o todo.

Assim, mediante um exercício de síntese (o estudo e compreensão das partes) buscaremos uma análise (o estudo e a compreensão do todo).

Na primeira parte deste livro destacaremos alguns dos principais conceitos que consideramos importantes, como, por exemplo, ciência, filosofia e religião, e ainda algumas outras concepções elementares que darão suporte aos nossos argumentos, relativos ao processo de transição pelo qual passa o nosso planeta na atualidade.

No desenvolvimento da segunda parte apresentaremos importantes trechos destacados dos livros básicos da Doutrina Espírita, que apontam e ratificam o grave período de mudanças que vivenciamos no presente.

Na terceira parte apresentaremos trechos de algumas obras que selecionamos na literatura espírita brasileira e que, da mesma forma, confirmam as informações a respeito da gravidade do presente momento terrestre.

Finalmente, na quarta e última parte, apresentamos nossas reflexões pessoais sobre o período de transição sem, contudo, darmos o assunto em pauta como findo. Antes, pensamos que os estudos, pesquisas e debates sobre o tema proposto estão apenas no seu ponto inicial.

Aproveitamos para pedir desculpas antecipadas aos nossos irmãos e irmãs (encarnados e desencarnados) pelos equívocos e negligências que possam, por ventura, surgir no presente estudo.

Agradecemos aos nossos irmãos, amigos e mentores do mundo maior por esta nova oportunidade, conscientes do pouco que podemos fazer. E, mesmo assim, diante da nossa pequenez, sabemos que, se nos é dada uma chance de realizarmos algo edificante na crosta terrestre, é por acréscimo da misericórdia que vem do Alto.

Mais uma vez, quero registrar meus mais profundos agradecimentos ao meu amigo, irmão em Cristo e mentor – vivendo agora no mundo maior –, professor Newton Gonçalves de Barros e, ao mesmo tempo, pedir-lhe desculpas pela caminhada ainda muito tímida, lenta e cheia de tropeços do lado de cá.

Que o mestre Jesus possa orientar os nossos passos, ainda vacilantes, nesta nova empreitada.

Que o Pai-Criador nos ilumine em nossos caminhos e em nossas escolhas.

MARCO ANTÔNIO VIEIRA
Niterói, RJ, primavera de 2008

Primeira Parte

Alguns parâmetros

• PRIMEIRA PARTE •

Introdução

Já ouvimos várias vezes, aqui e acolá, que um dos 'problemas' da Doutrina Espírita, em relação à sua pouca popularidade, é a sua grande exigência por estudos, leituras etc. Obviamente, em um país como o nosso que, em pleno século XXI, ainda possui números significativos de pessoas analfabetas[3] e de pessoas semialfabetizadas – e estes são problemas históricos concretos, que exigem atenção de todos nós e esforços coletivos em busca de alternativas possíveis –, uma religião que apresente a exigência de lei-

---

[3] No ano 2000, de acordo com as estatísticas do Ministério da Educação, o analfabetismo no Brasil era de, aproximadamente, 13% da população. Um índice ainda considerado alto.

22 INTRODUÇÃO

turas e estudos, pode soar um tanto 'estranha' (uma contradição, pelo menos para esses grupos específicos).[4] Entretanto, a Doutrina Espírita, como se apresenta hoje, foi o resultado de uma obra coletiva, na qual trabalharam, lado a lado, homens e espíritos. Do mesmo modo, uma solução (embora paliativa e momentânea) possível ao mencionado 'problema' seria o estudo em grupo (como já ocorre em inúmeras casas espíritas pelo Brasil afora), onde encontramos os ideais da cooperação, da colaboração e da construção coletiva de conhecimentos significativos, sob a égide do Espiritismo.

De modo geral, para a maioria das pessoas, estudar jamais foi um "problema", muito contrariamente é sempre solução (ou, pelo menos, uma tentativa de minimização de problemas).

E, em se tratando de Doutrina Espírita, é correto afirmar-se que o estudo, o conhecimento, a pesquisa, são elementos mais que necessários. Fato que não deve se transformar em um instrumento de exclusão, mas sim numa possibilidade de inclusão, de integração, desde que devidamente trabalhado.

Nesse sentido encontramos uma observação feita por Allan Kardec, em seu livro *Obras Póstumas*:

> Dois elementos hão de concorrer para o progresso do Espiritismo: o estabelecimento teórico da Doutrina e os meios de a popularizar. (1987, p. 340)

Ora, para que se estabeleça a teoria da Doutrina Espírita, o primeiro passo é conhecê-la, estudando-a, conhecendo-a, compreendendo-a. E, no mesmo livro ci-

---

[4] Um desdobramento das múltiplas tarefas espíritas aqui se nos apresenta: o da alfabetização de jovens e adultos no interior das obras sociais de atendimento fraterno.

• PRIMEIRA PARTE •

tado, Kardec dá a seguinte orientação geral para os que desejam conhecer o Espiritismo:

Um curso regular de Espiritismo seria professado com o fim de desenvolver os princípios da Ciência e de difundir o gosto pelos estudos sérios. Esse curso teria a vantagem de fundar a unidade de princípios, de fazer adeptos esclarecidos, capazes de espalhar as ideias espíritas e de desenvolver grande número de médiuns. Considero esse curso como de natureza a exercer capital influência sobre o futuro do Espiritismo e sobre suas consequências. (*idem*, p. 342)

Seguindo tais ideias, recomendamos sempre àqueles e àquelas que queiram, realmente, compreender a Doutrina Espírita, que busquem as orientações seguras das casas espíritas sérias e que comecem os seus estudos, inicialmente, por *O Livro dos Espíritos*, de Allan Kardec.

Como identificamos uma casa espírita séria? Primeiramente, por suas bases alicerçadas no auxílio fraterno aos irmãos e irmãs em situações de provações dolorosas. São aquelas casas que amparam, em primeiro lugar, os planejamentos reencarnatórios mais complexos de irmãos e irmãs nossas. Assistência fraterna, Natal permanente, ajuda, socorro, apoio, seja lá qual nome receba, porque, o mais importante é sabermos (e praticarmos) que *fora da caridade não há salvação.*

E a segunda marca/característica da seriedade de uma casa espírita é a sua dedicação aos estudos doutrinários, com cursos regulares de Doutrina Espírita, conforme as recomendações kardequianas. Ou seja, onde se estudam, principalmente, as obras básicas do Espiritismo, codificadas por Allan Kardec (é a teoria sustentada pela prática).

Jesus é o objetivo, Kardec é o indicador. Assim, depois de estudarmos Jesus e Kardec, tudo mais é acréscimo.

Não basta crer, é necessário saber...

• PRIMEIRA PARTE •

capítulo

I

Saber e crer

Tradicionalmente, de modo geral, quando colocadas lado a lado, a ciência e a religião parecem não possuir pontos comuns. Raciocinando assim, cientistas de um lado e religiosos de outro formariam dois blocos de pensamentos distintos e, para muitos, sem possibilidades de diálogo e de conciliação. E aqui podemos dar um exemplo simples deste debate conflituoso e sem vencedores: teoria do criacionismo (Adão e Eva) x teoria do evolucionismo (Charles Darwin e Alfred Russel Wallace).

De acordo com tal bipolaridade de raciocínio, no campo da ciência não haveria espaço (nem sentido) para o exame da fé, porque esta última não pode ser mensurada,

26 CAPÍTULO I • SABER E CRER

pesada, medida, desmembrada ou colocada nos tubos de ensaio dos laboratórios tradicionais.

Do mesmo modo no campo da religião, de acordo com as posições mais radicais, não existiria espaço possível para a ciência, primeiramente porque os fenômenos da fé seriam considerados subjetivos (relativos aos indivíduos, portanto, individuais, personalizados), e depois, argumentam alguns, devido à incapacidade de as ciências colaborarem com a construção do pensamento religioso. De acordo com esta visão dicotômica[5] do mundo, ciência e religião não se misturam. Seguindo tal raciocínio, para os cientistas tradicionais só é verdadeiro aquilo que se pode experimentar e ponto final. E, da mesma forma, para os religiosos tradicionais, a religião por si só explica o mundo e, neste caso, a ciência é dispensável.

A radicalização de uma ou de outra posição mental promove dois extremos opostos: de um lado o ceticismo (o não-crer) e do outro o fanatismo (a crença não-racionalizada). Portanto, seguindo este pensamento, teríamos no mundo atual dois grupos distintos de indivíduos:

a) os que creem em alguma coisa (religiosos); e

b) os que não creem.

Obviamente este livro é endereçado aos que creem em alguma coisa, ou seja, aquelas pessoas que pensam que a vida não se inicia simplesmente no nascimento e se encerra no túmulo. Acreditam que algo existe antes do nascimento e permanece após a morte, não importando o nome que receba: alma, espírito etc.

Indo na contramão das duas posições antagônicas anteriormente descritas (de um lado o ceticismo e do outro o fanatismo) e, tentando uma terceira via de entendimento, é nossa posição que a ciência pode, sim, contribuir com a

---

[5] Diz-se daquilo que é dividido em duas partes.

• PRIMEIRA PARTE • 27

religião. Principalmente, quando utilizamos as informações fornecidas pelas ciências para a confirmação (ou ratificação) dos diferentes fenômenos religiosos.

Segundo esta nossa forma de pensar, a ciência e a religião seriam como peças complementares, diante das quais buscaríamos um ponto de equilíbrio, não-antagônico, para a compreensão e explicação, em primeiro lugar, do próprio mundo em que vivemos e, posteriormente, na explicação do "outro mundo".

Em termos de religião, por exemplo, é fato que hoje vários pesquisadores e estudiosos (historiadores, arqueólogos, antropólogos etc.), pertencentes a renomadas instituições internacionais diferentes, concordam que na Bíblia estão contidos vários e diferenciados tipos de documentos histórico-culturais.

Nos múltiplos documentos bíblicos são encontrados, por exemplo, elementos elaborados em épocas específicas e em distintos lugares que fornecem, por sua vez, materiais de pesquisa para diversas áreas do conhecimento humano, como é o caso da literatura, da poesia, da antropologia, da história, da legislação, da arqueologia etc.

Diante de tantas e tão variadas informações, se faz necessária, obviamente, a constituição e a presença de equipes multidisciplinares de cientistas e pesquisadores. E este é apenas um pequeno exemplo de como as ciências podem realizar estudos e produzir resultados úteis, em prol da construção do conhecimento religioso.

Podemos apresentar aqui outro exemplo pertinente, no mesmo sentido e do mesmo peso. Nas últimas décadas, no âmbito das pesquisas realizadas na área das ciências sociais e humanas, novas tendências vêm se consolidando entre os seus pesquisadores e seus estudiosos. São novas abordagens científicas e novos problemas metodológicos que surgem e questionam (e até mesmo contradizem) aquelas posturas científico-mentais tradicionais, que envolviam a luta entre as ciências exatas e as ciências humanas. É o que ocorre, por exemplo, no complexo campo das denominadas *pesquisas qualitativas* que, mediante pressupostos e metodologias específicas, observam e reconhecem os fenômenos existenciais humanos (portanto, relacionados à subjetividade) como bases fundamentais de seus objetos de análises (são exemplos as áreas da psicanálise, da psicologia, da pedagogia, da antropologia, da história cultural, entre outras).

Ora, admitindo-se o fenômeno religioso como um fator subjetivo (relativo aos sujeitos), que se dá em todas as sociedades (desde os tempos mais remotos da Humanidade), então o fenômeno 'religião' pode ser pesquisado e comprovado pelas ciências sociais e humanas. Ciências essas que estudam e pesquisam (perscrutam, investigam), portanto, os fenômenos inerentes aos seres humanos (aos sujeitos).

Assim, percebemos que, curiosamente (mas, não por acaso), do interior da própria metodologia científica contemporânea surgiram os elementos necessários para a construção de novas abordagens, de novas tipologias, novas possibilidades, novas técnicas de investigação dos fenômenos humanos (dentre eles a religião e a religiosidade). Aliás, vale relembrar, que esta é uma das principais características das ciências: o movimento, a superação, a evolução. Não existe ciência estática.

Então, é lícito perceber que, para além das posições tradicionais, existem outras possibilidades de a ciência e a religião se complementarem, em busca de um diálogo edificante, produtivo e válido.

Voltemos ao nosso foco. Em se tratando especificamente do grupo de pessoas que 'creem em alguma coisa' (denominados religiosos), pensamos que somente há duas posturas possíveis:

• Primeira Parte • 29

a) crer sem questionamentos (o dogmatismo); ou
b) crer e questionar (utilizar a razão).

Os espíritas, por exemplo, pretendem se localizar no grupo dos que creem em alguma coisa e, simultaneamente, buscam racionalizar a sua forma de crer.

De acordo com a Doutrina dos Espíritos, as ciências serão sempre instrumentos úteis de análise e de contribuição para os estudos e pesquisas espíritas. Confirmando esse nosso modo de pensar, Allan Kardec assim escreveu:

> O Espiritismo e a ciência se completam reciprocamente; a ciência, sem o Espiritismo, se acha na impossibilidade de explicar certos fenômenos só pelas leis da matéria; ao Espiritismo, sem a ciência, faltariam apoio e comprovação. (1986; p 21).[6]

Nos capítulos seguintes, vamos continuar apresentando nossos argumentos baseados na conjunção possível entre a ciência, a filosofia e a religião, sem perdermos o foco das proposições espíritas, no sentido de analisar e tentar compreender o grave momento de transição pelo qual passa o nosso planeta Terra.

Neste sentido, apresentaremos, a seguir, como entendemos os conceitos/ideias 'ciência', 'filosofia' e 'religião', de que modo tais concepções podem nos auxiliar a melhor compreender a Doutrina Espírita (em seu tríplice aspecto: ciência, filosofia e religião), e, simultaneamente, explicar o momento de transição.

Sigamos em frente...

---

[6] KARDEC, Allan. *A Gênese*. 29ª ed. Tradução de Guillon Ribeiro. Rio de Janeiro: FEB, 1986.

• PRIMEIRA PARTE •

capítulo

II

Ciência, filosofia e religião

Como ponto de partida, gostaríamos de explicitar que, nos estudos espíritas, os conceitos 'ciência', 'filosofia' e 'religião' são inseparáveis. Ao estudarmos a filosofia espírita, invariavelmente seremos levados aos conhecimentos científicos, que surgem como apoio aos raciocínios espíritas e que, consequentemente, nos conduzirão aos aspectos morais e éticos (todos eles de acordo com os ensinamentos do Cristo), ou seja, à religião (ou ao pensamento religioso).

Aprendemos com a nossa experiência de estudante-professor e de professor-estudante que conceituar é impor-

32 CAPÍTULO II • CIÊNCIA, FILOSOFIA E RELIGIÃO

tante. Não se trata de mero pedantismo acadêmico (coisa que abominamos porque, em nossa forma de agir e de pensar no mundo e na educação, tal atitude torna-se completamente destituída de sentido e de significado), mas sim de traçarmos algumas linhas que nos permitam demonstrar de onde estamos falando, favorecendo um melhor entendimento de nossas propostas e de nossos pensamentos. Aqui apresentaremos alguns dos conceitos utilizados neste livro, seus principais sentidos e significados. Assim, inicialmente, consideramos que podemos buscar os conceitos elementares das palavras 'ciência', 'filosofia' e 'religião', que serão encontrados (e utilizados) com certa frequência neste estudo.

As três palavras relacionadas também foram escolhidas por representarem os pilares básicos do Espiritismo.

Certamente, existem verdadeiros tratados já produzidos sobre os respectivos conceitos, contudo, descreveremos sinteticamente os três em suas formas mais simples, porém, sem perder a essência dos mesmos. Ressaltamos que será suficiente a compreensão das ideias principais contidas nos referidos conceitos. E, para os que desejarem maiores esclarecimentos, ou aprofundamentos, sempre serão indicadas as fontes consultadas.

Desta maneira, para esta parte do nosso trabalho, utilizamos como instrumentos de consulta bibliográfica um dicionário da língua portuguesa e uma enciclopédia. O dicionário que utilizamos nesta parte foi o *Novo Aurélio Século XXI*[7] (daqui por diante *Aurélio*), porque o consideramos um dos mais populares e confiáveis do nosso país. E consultamos a *Nova Enciclopédia Barsa*[8] (daqui por diante

---

[7] FERREIRA, Aurélio B. de H. *Novo Aurélio Século XXI: o Dicionário da Língua Portuguesa*. 3ª ed. Rio de Janeiro: Nova Fronteira, 1999.
[8] *Nova Enciclopédia Barsa*. 6ª ed. São Paulo: Barsa Planeta Internacional, 2002. (18 vols.)

• PRIMEIRA PARTE •

Barsa) porque entendemos que a mesma se encontra entre as melhores do seu gênero.

Primeiro consultamos o dicionário para cada um dos verbetes assinalados anteriormente e, depois, procedemos do mesmo modo com a enciclopédia. Encontramos no *Aurélio* o verbete 'ciência' entre as páginas 469 e 470, que é assim definido (apenas transcrevemos):

(Do lat. *scientia*, 'conhecimento'). S.f. 1. Conhecimento (3). 2. Saber que se adquire pela leitura e meditação; instrução, erudição, sabedoria. 3. Conjunto de conhecimentos socialmente adquiridos ou produzidos, historicamente acumulados, dotados de universalidade e objetividade que permitem sua transmissão, e estruturados com métodos, teorias e linguagens próprias, que visam compreender e, poss., orientar a natureza e as atividades humanas. 4. Campo circunscrito, dentro da ciência, concernente a determinada parte ou aspecto da natureza ou das atividades humanas como, p. ex., a química, a sociologia etc. 5. A soma dos conhecimentos humanos considerados em conjunto. 6. Pop. Habilidade intuitiva, sabedoria.

Esta definição prossegue por mais uma coluna inteira do dicionário, mas consideramos que a parte que nos interessa neste momento foi transcrita.

Para o verbete 'filosofia' encontramos, à página 905, a seguinte descrição:

(Do gr. *philosophia*, 'amor à sabedoria'). S.f. Filos. 1. Estudo que se caracteriza pela intenção de ampliar incessantemente a compreensão da realidade, no sentido de apreendê-la na sua totalidade, quer pela busca da realidade capaz de abranger todas as outras, o Ser (ora 'realidade suprema', ora 'causa primeira', ora 'fim último', ora 'absoluto', 'espírito', 'matéria' etc.), quer pela definição do instrumento capaz de apreender a realidade, o pensamento (as respostas

34 CAPÍTULO II • CIÊNCIA, FILOSOFIA E RELIGIÃO

às perguntas: que é a razão? o conhecimento? a consciência? a reflexão? prova? que é uma causa? que é explicar? um fundamento? uma lei? um princípio? etc.), tornando-se o homem tema inevitável de consideração. Ao longo da sua história, em razão da preeminência que cada filósofo atribua a qualquer daqueles temas, o pensamento filosófico vem-se cristalizando em sistemas, cada um deles uma nova definição da filosofia. 2. Conjunto de estudos ou de considerações que tendem a reunir uma ordem determinada de conhecimentos (que expressamente limita seu campo de pesquisa, p. ex., à natureza, ou à sociedade, ou à história, ou às relações numéricas etc.) em um número reduzido de princípios que lhe servem de fundamento e lhe restringem o alcance.

E esta definição prossegue por mais meia coluna de texto na página citada do dicionário.

E, para o verbete 'religião', encontramos à página 1.737, do referido dicionário, as seguintes palavras explicativas:

(Do lat. *religione*) S.f. 1. Crença na existência de uma força ou forças sobrenaturais, considerada(s) como criadora(s) do Universo, e que como tal deve(m) ser adorada(s) e obedecida(s). 2. A manifestação de tal crença por meio de doutrina e ritual próprios, que envolvem, em geral, preceitos éticos. 3. Restr. Virtude do homem que presta a Deus o culto que lhe é devido. 4. Reverência às coisas sagradas. 5. Crença fervorosa, devoção, piedade. 6. Crença numa religião determinada; fé; culto.

A descrição deste verbete continua por mais dezoito linhas na página citada.

Prosseguindo a nossa busca, a título de exercício comparativo (e como de reforço didático), vejamos como nos são apresentados os mesmo verbetes, desta vez contidos na *Barsa*.

• Primeira Parte •

Informamos que, da referida enciclopédia, apenas transcrevemos o significado dos três verbetes, do mesmo modo que o fizemos na consulta ao *Aurélio*, cuja síntese é necessária aos nossos objetivos imediatos.

Para a definição do verbete 'ciência', que se estende da página 189 à página 193, do volume número IV da *Barsa*, e é complementada com um longo e detalhado resumo da história das ciências, destacamos o trecho:

> Em termos gerais, ciência se confunde com qualquer saber humano. Em sentido estreito, define-se ciência com as áreas do saber voltadas para o estudo de objetos ou fenômenos agrupados segundo certos critérios e para a determinação dos princípios que regem seu comportamento, seguindo uma metodologia própria. (...)

Em relação ao verbete 'filosofia', cujas definições seguem da página 277 à página 282, do volume VI, aqui transcrevemos um trecho da página 278:

> Pode-se definir filosofia, sem trair seu sentido etimológico, como uma busca da sabedoria, conceito que aponta para um saber mais profundo e abrangente do homem e da natureza, que transcendem os conhecimentos concretos e orienta o comportamento diante da vida. A filosofia pretende ser também uma busca e uma justificação racional dos princípios primeiros e universais das coisas, das ciências, dos valores, e uma reflexão sobre a origem e validade das ideias e das concepções que o homem elabora sobre ele mesmo e sobre o que o cerca. (...)

Já do verbete 'religião', encontrado entre as páginas 275 a 279, do volume XII da *Barsa*, selecionamos e transcrevemos o seguinte trecho:

> Religião (do latim *religio*, cognato de *religare*, 'ligar', 'aper-

36   CAPÍTULO II • CIÊNCIA, FILOSOFIA E RELIGIÃO

tar', 'atar', com referência a laços que unam o homem à divindade), é como um conjunto de relações teóricas e práticas estabelecidas entre os homens e uma potência superior; à qual se rende culto, individual ou coletivo, por seu caráter divino e sagrado. Assim, religião constitui um corpo organizado de crenças que ultrapassam a realidade da ordem material e que tem por objeto o sagrado ou sobrenatural, sobre o qual elabora sentimentos, pensamentos e ações. (...)

Após esta longa lista de definições podemos, então, prosseguir com as nossas ideias e argumentações.

A Doutrina Espírita representa uma espécie de amálgama dos três conceitos apresentados anteriormente. Ela é, simultaneamente:

FILOSOFIA + CIÊNCIA + RELIGIÃO =
COMPREENSÃO/AÇÃO

Gostaríamos somente de aproveitar a parte final deste capítulo para uma observação muito importante: vale relembrar que *ciência, filosofia e religião* são os três pilares básicos, sob os quais está sustentada a Doutrina Espírita, codificada por Allan Kardec.

Rememoramos a seguir uma pequenina parte de uma das brilhantes sínteses do nosso eterno amigo, professor Newton de Barros, quando, em uma de suas aulas magistrais, nos resumia a obra de educação espírita.

Para relembrarmos, na página de rosto de *O Livro dos Espíritos*, o primeiro livro da codificação espírita, está escrito: 'filosofia espiritualista'. Ou seja, naquela obra estão contidos os ensinamentos fundamentais da educação filosófica.

Do mesmo modo, na página de rosto de *O Livro dos Médiuns*, o segundo livro basilar da Doutrina dos Espíritos, acha-se: 'Espiritismo experimental'. Portanto,

• Primeira Parte • 37

neste livro está contida a base da educação metodológico-
-científica.

E, em *O Evangelho Segundo o Espiritismo*, também
na sua página de rosto, podemos ler: "fé inabalável só é
aquela que pode encarar frente a frente a razão em todas
as épocas da Humanidade." Nesta obra se encontram os
princípios de uma educação ético-moral-religiosa.

Diante dos conceitos apresentados anteriormente, podemos verificar que o tríplice aspecto da Doutrina Espírita
possui sentido, significado e se justifica.

O espírito Emmanuel[9], por meio da mediunidade de
Chico Xavier, em um de seus monumentos literários, o livro *O Consolador* (cuja primeira edição é de 1940), nos apresentou pela primeira vez a simbologia de um triângulo
equilátero para representar o tríplice aspecto da Doutrina
Espírita.

De acordo com aquele iluminado e sábio mentor, na
base do triângulo equilátero, um dos vértices representa
a ciência, o outro vértice a filosofia e no vértice superior
(que aponta para o alto), apoiada em sólida base (filosofia
e ciência), está a religião. Iluminada simbologia...

Como obra de educação que é a Doutrina Espírita (o
Cristianismo redivivo), possui como um dos seus principais objetivos instruir-nos por meio de três caminhos que
se fundem:

a) educação filosófica;
b) educação metodológico-científica;
c) educação ético-moral-religiosa.

---

[9] XAVIER, Francisco Cândido e EMMANUEL (Espírito). *O Consolador*. 13ª ed.
Rio de Janeiro: FEB, 1989.

38 CAPÍTULO II • CIÊNCIA, FILOSOFIA E RELIGIÃO

Neste momento crítico, no qual o orbe se lança em direção a um futuro promissor, somente por meio da fé raciocinada (cujas bases são ciência, filosofia e religião) poderemos compreender o que ocorre hoje com a Terra e conosco (encarnados e desencarnados). Assim, compreender a Doutrina Espírita exige ação em favor do bem (individual e coletivo). E o melhor momento é agora...

Não se trata aqui de mera especulação sem sustentação, antes estamos nos amparando em formas específicas de "pensar"; por meio, por exemplo, de instrumentos do raciocínio lógico, como a indução e a dedução.

• PRIMEIRA PARTE •

capítulo
III

Dedução e indução como métodos

Nesta parte do nosso estudo pensamos que é importante apresentar o sentido e o significado de mais alguns conceitos que estamos utilizando.

Há diferentes formas de se conhecer a realidade (ou, no plural, as realidades?). Muitos pensadores ilustres, através dos séculos, dedicaram muitos anos de seus estudos para classificar (ou tipificar) as diferentes formas de conhecimentos.

Acreditamos que os diferentes modos de conhecer, de descrever, de compreender o mundo (as multifacetadas realidades), não possuem entre si uma hierarquização valorativa.

40 CAPÍTULO III • DEDUÇÃO E INDUÇÃO COMO MÉTODOS

Assim, de acordo com a nossa forma de pensar, um determinado tipo de conhecimento não é melhor ou pior que outro. Pensamos sim que os diferentes tipos de conhecimentos são formas diferentes de se entender e de se explicar o mundo (ou as realidades).

E, até mesmo em alguns casos, entendemos que formas diferentes de conhecimentos podem ser complementares, como ocorre, por exemplo, nas relações entre o conhecimento científico e o conhecimento filosófico (como já foi mencionado em capítulo anterior).

Em linhas gerais (e como exercício didático), podemos apresentar as seguintes formas de conhecer o mundo:

a) o conhecimento comum (também chamado de 'senso comum' ou 'conhecimento vulgar');
b) o conhecimento científico (amparado nos métodos e nas técnicas científicas);
c) o conhecimento filosófico (que busca aproximar-se da verdade por meio do raciocínio, da razão);
d) o conhecimento teológico (no qual Deus é a figura central de suas teorias, ilações, estudos).

Nesse sentido, queremos deixar claro que os nossos esforços estarão focalizados (o quanto nos for possível), na aproximação do conhecimento científico e do conhecimento filosófico para expormos o nosso raciocínio associando-o ao Espiritismo (religião).

Contudo, procuraremos não cansar os nossos leitores e leitoras com elaboradas fórmulas científicas ou teorias filosóficas complexas (que não cabem neste espaço, não fazem parte dos nossos objetivos e nem possuímos competência técnica para tal trabalho).

Vale ressaltar que não é nossa pretensão escrever aqui um tratado científico ou filosófico e nem tão pouco escrever uma 'doutrina espírita paralela'; a nossa primeira e única intenção é a de promover um convite à reflexão construtiva (individual e coletiva), que possa contribuir com o debate fraterno e edificante.

Tentaremos, portanto, construir nossos argumentos, nossos juízos e nossos raciocínios de acordo com as proposições elementares adotadas pelos estudos introdutórios da metodologia científica atual, bem como nos estudos básicos de filosofia, unindo-os a alguns dos conceitos e ideias espíritas.

Diante do anteriormente descrito, a seguir vamos apresentar alguns assuntos fundamentais que acreditamos nos seja útil esclarecer. De modo geral na literatura espírita (e também nas palestras ou nos estudos espíritas), aqui e acolá, deparamos com as expressões: 'razão', 'racionalizar', 'raciocínio lógico'.

Como poderíamos compreender, de acordo com os preceitos fundamentais da ciência e da filosofia, tais expressões? E como podemos estabelecer relações destes conceitos com a Doutrina dos Espíritos? O que podemos entender por 'lógica'? E o que significa 'raciocínio'?

Vale relembrar que 'lógica' é uma das partes constitutivas da filosofia, enquanto campo de estudos. E, de acordo com André Lalande[10], a lógica:

> (...) é a ciência que tem por objeto determinar, por entre todas as operações intelectuais que tendem para o conhecimento do verdadeiro, as que são válidas, e as que não são.

Muito resumidamente podemos dizer que, no interior da história da filosofia, a história dos estudos sobre a lógica remonta à Grécia Antiga, cujo principal expoente foi Aristóteles (no século IV a.C.). Durante a Idade

---

[10] LALANDE, André. *Vocabulário Técnico e Crítico da Filosofia*. 10ª ed. Porto: Rés, s. data.

Média, período no qual os chamados 'Pais da Igreja' (e conforme a grande divisão da época medieval as maiores correntes filosóficas foram a patrística de Santo Agostinho, no decorrer da Alta Idade Média e, posteriormente, a escolástica de São Tomás de Aquino, durante a Baixa Idade Média) desenvolveram a teologia cristã, podemos encontrar, por exemplo, a figura de Pedro Abelardo (século XII), que foi um dos grandes estudiosos medievais da lógica.

No transcorrer do século XIX destacaram-se George Boole e Augustus de Morgan, com seus respectivos estudos sobre a lógica e suas relações com a matemática.

E, na primeira metade do século XX, encontram-se os estudos de Gottlob Frege, seguidos dos trabalhos de Bertrand Russell (este último já na segunda metade do século XX), cujos pensamentos e estudos a respeito da lógica são ainda alvos de grandes debates acadêmicos na atualidade.

Como podemos observar, existem diferentes campos de estudos da lógica, contudo, não nos estenderemos por tais subdivisões e propomos aqui somente alguns poucos passos no campo da chamada lógica tradicional. E, escolhemos esta área específica da filosofia por considerarmos que, neste momento, será suficiente para a construção do nosso atual raciocínio.

Para os que desejarem maiores explicações sobre o que estamos discutindo e descrevendo, gostaríamos de sugerir um livro que geralmente adotamos com nossos alunos do ensino médio e com os do primeiro ano do ensino superior: *Fundamentos da filosofia. Ser, saber e fazer*, de autoria de Gilberto Cotrim (veja bibliografia ao final do livro). Trata-se de um livro de linguagem acessível, de fácil compreensão e de conteúdo básico muito útil.

Devemos, então, a partir de agora, distinguir o que

estamos denominando de nossos juízos, raciocínios e argumentos, diante da lógica tradicional.

Segundo Cotrim (1995; p. 306): "Entende-se por **juízo** qualquer tipo de afirmação ou negação entre duas ideias ou dois conceitos." (o destaque é do autor citado)

Quando dizemos, por exemplo, que *O Livro dos Espíritos* é um livro de filosofia, estamos formulando um juízo.

E, de acordo com aquele mesmo autor: "O enunciado verbal de um juízo é denominado proposição ou premissa." (*idem, ibidem*)

Quando nos referimos ao 'raciocínio', entendemos que: "(...) é o processo mental que consiste em coordenar dois ou mais juízos antecedentes, em busca de um juízo novo, denominado conclusão ou inferência." (*idem, ibidem*)

Outro exemplo interessante, e sobre o qual podemos aplicar este tipo de raciocínio, ocorre quando Allan Kardec se refere à fé raciocinada (veja *O Evangelho Segundo o Espiritismo*). Compreendemos que aquele juízo formulado e apresentado por Kardec não se refere a um tipo qualquer de fé (ou uma "fé não-racionalizada" – a fé simplesmente pela fé). Mas, contrariamente, Kardec se referia a um tipo diferenciado de fé, ou seja, aquela que busca aliar-se ao raciocínio, à razão, à reflexão, à crítica.

E aqui podemos estabelecer uma diferenciação entre o saber/conhecer e o crer/fé. A partir do uso do raciocínio (ou da razão) unido à fé:

a) Eu não creio apenas, eu sei.
b) Tenho fé por que conheço (sei).
c) A minha fé tem origem na compreensão.
d) Creio porque sei.

Cotrim também afirma que: "O enunciado de um raciocínio através da linguagem (falada ou escrita) é chamado **argumento**. Argumentar significa, portanto, expressar verbalmente um raciocínio." (*idem, ibidem*)

Ainda no campo dos estudos da lógica tradicional o argumento pode ser subdividido em dois tipos básicos:

1) o argumento dedutivo;
2) o argumento indutivo.

O argumento dedutivo parte de proposições (ou premissas) gerais para chegar a uma conclusão particular. Uma forma de apresentação do argumento dedutivo é o silogismo.

O silogismo é composto por duas proposições (ou premissas) antecedentes e uma conclusão. Por exemplo:

1) A alma é imortal;
2) eu sou uma alma;
3) logo, sou imortal.

O argumento indutivo é aquele que parte de proposições (ou premissas) particulares e procura chegar a uma conclusão geral. É necessário assinalar que o argumento indutivo conduz a conclusões gerais prováveis (que não são seguramente verdadeiras, de acordo com o pensamento científico-filosófico). Principalmente porque no argumento indutivo a conclusão pode extrapolar as informações contidas nas proposições. Vejamos no exemplo dado por Cotrim (1995, p. 312):

1) As plantas, os animais, os fungos e as bactérias são seres vivos;
2) ora, as plantas, os animais, os fungos, as bactérias são formados por células;
3) logo, todos os seres vivos são formados por células.

Conforme Cotrim (*idem, ibidem*), a "(...) conclusão pode ser falsa, mesmo que as proposições sejam verdadeiras." No exemplo apresentado, as premissas 1 e 2 são consideradas verdadeiras pelos estudiosos das ciências biológicas. Entretanto, a conclusão 3 ("todos os seres vivos são formados por células") é falsa.

Os vírus, por exemplo, são seres vivos e não apresentam células. Neste caso a conclusão é uma extrapolação (concluiu algo que foi além das informações contidas nas proposições) e por isto apresentou uma conclusão falsa.

Vejamos um exemplo utilizando algumas ideias espíritas:

1) Todo homem é um espírito;
2) existem espíritos brincalhões;
3) logo, todos os espíritos são brincalhões.

Embora as premissas 1 e 2 sejam verdadeiras, a conclusão 3 é falsa, obviamente. A conclusão extrapolou as proposições anteriores.

Atualmente, tanto os estudos filosóficos quanto os da metodologia científica admitem que o argumento dedutivo e o argumento indutivo podem ser utilizados em um mesmo estudo (ou pesquisa), como instrumentos complementares de trabalho. Não são, necessariamente, argumentos excludentes entre si, portanto, podem ser métodos complementares.

E, no presente livro, este será o nosso modo de pensar e de agir. Assim, estaremos utilizando ora o argumento dedutivo, ora o argumento indutivo, na tentativa de demonstrarmos os nossos raciocínios. Assim, repetimos, a nossa principal intenção é a de, por meio de nossos argumentos, raciocínios e juízos, promovermos uma reflexão edificante (individual e coletiva) sobre o grave momento de transição pelo qual passa o nosso planeta Terra.

46   CAPÍTULO III • DEDUÇÃO E INDUÇÃO COMO MÉTODOS

E a nossa principal questão (que equivaleria ao 'problema' em uma pesquisa científica) é a seguinte: qual seria a atual posição do planeta Terra, em termos evolutivos, de acordo com a Doutrina Espírita? De acordo com os pressupostos da metodologia científica, após a delimitação do 'problema' (que é a questão central de uma pesquisa) devemos descrever uma 'hipótese'. Conforme Gil (1999; p. 56) a 'hipótese': "é uma suposta resposta ao problema a ser investigado. É uma proposição que se forma e que será aceita ou rejeitada somente depois de devidamente testada."

E ainda, segundo aquele mesmo autor:

> O papel fundamental da hipótese é sugerir explicações para os fatos. Essas explicações podem ser a solução para o problema. Podem ser verdadeiras ou falsas, mas, sempre que bem elaboradas, conduzem à verificação empírica, que é o propósito da pesquisa científica. (*idem, ibidem*)

Neste momento, então, gostaríamos de apresentar uma resposta possível, a partir da nossa questão central, que servirá como ponto de referência para a nossa argumentação. É nossa posição hipotética que o atual *status* planetário se encontra em um patamar classificatório diferente do que até hoje se tem propugnado.

Hipótese que tentaremos demonstrar com este trabalho.

Nossos argumentos, raciocínios e afirmativas serão construídos tendo como referencial diferentes fontes de consulta, como já foi descrito anteriormente.

Convidamos os leitores e as leitoras, nossos irmãos e irmãs em Cristo, a continuarmos pensando juntos, e que também nos acompanhem nesta breve jornada reflexiva sobre a transição planetária, exercitando a indução e a dedução (e, respectivamente, a análise e a síntese) dos conceitos e das ideias que apresentaremos neste trabalho.

Para que ocorra um novo 'céu', uma nova Terra, há necessidade de novas energias e de novas matérias, ou ainda, energias e matérias renovadas...

• PRIMEIRA PARTE •

capítulo
IV

Matéria e energia

Convidamos os leitores e leitoras para, numa breve revisão, relembrarmos alguns poucos conceitos básicos relativos a matéria e energia.

Na escola aprendemos que matéria é qualquer substância sólida, líquida ou gasosa que ocupa lugar no espaço. De forma mais detalhada podemos dizer que matéria é qualquer coisa que possui massa, ocupa espaço e está sujeita a inércia. Ou seja, considera-se matéria tudo aquilo que existe, que forma as coisas e que pode ser observado como tal. Ainda de acordo com os conceitos da física, a matéria é sempre constituída de partículas elementares com massa não-nula (por exemplo, átomos, prótons, nêutrons e elétrons).

CAPÍTULO IV • MATÉRIA E ENERGIA

De modo geral, a matéria pode ser observada em três estados[11] (denominados de "estados de agregação", que variam conforme a pressão e a temperatura na qual se encontra um corpo):

a) sólido: o corpo possui forma e volume definidos, porque as partículas estão ligadas fortemente;
b) líquido: o corpo só possui definido o volume definido, suas partículas estão ligadas de forma mais fraca do que no estado sólido;
c) gasoso: o corpo não tem forma e nem volume e suas partículas estão ligadas muito fracamente.

A matéria também possui as suas propriedades, que podem ser de dois tipos:

a) gerais;
b) específicas.

São propriedades gerais da matéria: extensão, impenetrabilidade, mobilidade, elasticidade, inércia, ponderabilidade, divisibilidade e indestrutibilidade.

E as propriedades específicas são: peso, porosidade, estrutura, dureza, calor, condutibilidade, magnetismo, combustão, hidrólise e os pontos de fusão, condensação, solidificação e ebulição.

Energia é um dos conceitos fundamentais da física[12] (bem como da química) e se encontra em vários campos de estudos e pesquisas físicas (como por exemplo, no eletromagnetismo, na mecânica, na termodinâmica, na mecânica quântica, entre outras áreas). De acordo com a física con-

---

[11] Alguns já falam até em um quarto estado da matéria: **o plasma**.
[12] Energia foi um conceito que surgiu, provavelmente, na segunda metade do século XIX.

temporânea, energia é a propriedade e um sistema[13] que lhe permite gerar trabalho (ou uma ação).

Atualmente, alguns experimentos da física demonstram que a energia pode assumir várias formas, como, por exemplo: calorífica, cinética, elétrica, eletromagnética, mecânica, potencial, química, radiante.

O mais interessante é sabermos que as diferentes formas de energias são transformáveis umas nas outras, e que cada uma delas é capaz de provocar fenômenos bem determinados e característicos nos sistemas físicos.

Ainda de acordo com os conceitos da física, em todas as transformações de energia há completa conservação dela. E, conforme o primeiro princípio da termodinâmica: a energia não pode ser criada, mas apenas transformada.

O que nos faz relembrar, neste momento, o famoso químico francês, considerado o 'pai da química moderna', que viveu durante o século XVIII, Antoine-Laurent de Lavoisier, quando afirmou, baseado em seus experimentos químicos, a sua célebre Lei de Conservação da Natureza: "na natureza nada se cria, nada se perde, tudo se transforma."

Vale lembrarmos que as tradicionais concepções científicas que colocavam em oposição matéria e energia (desde a Antiguidade até o início da Idade Moderna europeia), foram abaladas com as pesquisas físicas do século XX (e que prosseguem no século XXI), principalmente a partir dos estudos científicos de Albert Einstein, para quem a matéria era uma forma de energia (algo como energia vibrando em baixa frequência).

No campo da filosofia, também encontramos um conceito de matéria. Na disciplina ontologia (que tenta res-

---

[13] Sistema pode ser representado como um conjunto de elementos interdependentes que formam um todo organizado.

ponder à questão "que existe?"), a matéria é seu principal foco (objeto) de estudos e teorias.

Em algumas correntes filosóficas, a matéria representa a "realidade" (mundo real), cujo extremo oposto seria representado pelo "ideal" (mundo das ideias), como ocorre com o materialismo (e seus desdobramentos: o histórico, o científico e o dialético), por exemplo.

Para o Espiritismo, matéria e energia também são conceitos importantes. Em *O Livro dos Espíritos*, por exemplo, encontramos o conceito de matéria que é estudado no Capítulo II - Dos elementos gerais do Universo (questão 21 e seguintes).

Quanto ao conceito de energia, podemos encontrá-lo também no mesmo livro, contudo, acreditamos que, ao tempo de Kardec, o termo comum empregado era 'fluido'. Se substituirmos a palavra 'fluido' pela palavra 'energia', algumas dúvidas podem ser esclarecidas.

Por exemplo, em *O Livro dos Espíritos*, na questão 27, Kardec queria saber:

27-a) Esse fluido (energia) será o que designamos pelo nome de eletricidade? (os parênteses são nossos)

Os espíritos responderam:

Dissemos que ele é suscetível de inúmeras combinações. O que chamais fluido (energia) elétrico, fluido (energia) magnético, são modificações do fluido (energia) universal, que não é, propriamente falando, senão matéria mais perfeita, mais sutil e que se pode considerar independente. (os parênteses são nossos)

Podemos observar aqui, também, a grande aproximação destes conceitos com as teorias de Einstein sobre matéria e energia (relembrando, de acordo com as ideias do famoso físico, a matéria seria um tipo de energia em baixa vibração ou baixa frequência vibratória), que são, no mínimo, muito interessantes.

Do mesmo modo os estudos e pesquisas da física têm comprovado que a energia pode assumir várias formas, como vimos anteriormente – não estariam aí as manifestações dos diferentes estados ou modificações da energia universal?

Outro ponto no qual gostaríamos de concentrar a nossa atenção aqui é o do magnetismo (e, por extensão, do eletromagnetismo). O magnetismo surge como uma das propriedades específicas da matéria. Do mesmo modo o eletromagnetismo é uma das formas sob as quais a energia se nos apresenta.

Um exemplo simples de magnetismo é o do ímã (que é um corpo de material ferromagnético com imantação permanente), um objeto que atrai a atenção de crianças e de adolescentes (e de muitos adultos também), com os seus efeitos curiosos do campo magnético bipolarizado (alternando atração e repulsão, conforme o caso).

A partir do que foi exposto anteriormente, podemos apresentar o seguinte raciocínio:

a) O planeta Terra é um campo no qual se reúnem matéria e energia (ou energias de diferentes tipos, transformadas).
b) Os seres humanos, habitantes do planeta Terra (encarnados e desencarnados), também reúnem em si matéria e energia (ou são uma composição de energias diferenciadas).
c) Logo, o planeta Terra e seus habitantes formam um conjunto energético.

Então, segundo tal raciocínio, nós todos, bem como o nosso planeta, possuímos todas aquelas características e qualidades relativas à matéria e à energia. Logo, somos matéria e energia, ou seja, somos compostos por tipos diferenciados de energias complementares.

Observe-se bem que, até este momento, tal argumento não é somente uma afirmação de cunho estritamente espírita, mas um juízo formulado com base nas informações fornecidas pelas ciências. Obviamente, a Doutrina dos Espíritos não se opõe a tais princípios. Ela os adota e os aceita sem contradições.

Neste ponto também seria útil e interessante relembrarmos algumas características gerais do nosso orbe, bem como alguns dados quantitativos relativos ao nosso planeta azul, como instrumentos auxiliares aos nossos raciocínios.

Prossigamos em nossas argumentações...

• PRIMEIRA PARTE •

capítulo
V

O *planeta Terra*:
Algumas referências gerais

Neste capítulo gostaríamos de traçar algumas linhas a respeito do nosso planeta, primeiramente sobre a sua localização no universo do Pai. Depois, de modo semelhante, desejamos rever alguns dados sobre o surgimento dos seres humanos no orbe terrestre e, finalmente, apontar algumas características relativas à posição terrestre de acordo com Allan Kardec e o espírito Emmanuel (por meio da psicografia de Chico Xavier).

1. O planeta azul

Atualmente, diante dos vários e amplos resultados dos diferentes estudos e das pesquisas no campo da astronomia (e seus desdobramentos, astrofísica, exobiologia etc.), sabemos que a nossa Terra é um dos menores planetas do nosso Sistema Solar, medindo aproximadamente 12.756,27249 km – o diâmetro do planeta Júpiter, por exemplo, é cerca de onze vezes maior que o diâmetro da Terra. Algo mais ou menos assim:

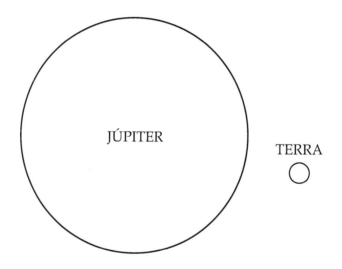

No centro do nosso sistema solar encontra-se o Sol (o astro-rei). De acordo com a astronomia, o Sol é uma estrela anã (classificação tipo G2V) que teria sido formada há mais ou menos quatro bilhões e seiscentos milhões de anos, a partir do colapso de uma imensa nuvem de gás e poeira.[14]

---

[14] *Nova Enciclopédia Barsa*, 2002. Vol. 13, p.335.

O Sol (em seu diâmetro) é, mais ou menos, cento e nove vezes maior que a Terra. E a sua luz (os raios solares) demora cerca de oito minutos e trinta segundos para nos atingir.

Somente a título de curiosidade e ilustração, depois do nosso Sol, a estrela mais próxima chama-se Próxima do Centauro e a sua luz leva cerca de quatro anos para chegar ao nosso planeta.

O nosso Sol, que se nos afigura gigantesco, possui vizinhos que são centenas (e alguns são milhares) de vezes maiores, como é o caso da estrela Alfa, um sol do sistema de Capela, que é aproximadamente cinco mil e oitocentas vezes maior que o nosso Sol.

Existem catalogados vários outros sóis gigantescos que são vizinhos distantes nossos, dentre os quais podemos citar: Sirius, Arcturus, Antares, Aldebaran, Betelgeuse, entre tantos outros possíveis e muito prováveis.

O nosso sistema solar, como se sabe, está inserido na Via Láctea, a nossa galáxia.

De acordo com os cálculos apresentados até meados do século XX, a Via Láctea era constituída por cerca de um bilhão de estrelas (sóis)[15], somadas à poeira interestelar e imensas quantidades de gás cósmico (ou nuvens cósmicas).

Atualmente, por meio dos telescópios infravermelhos, dos radiotelescópios, dos laboratórios espaciais e das sondas espaciais, sabe-se que tanto o número de estrelas que compõem a nossa galáxia é muito superior ao que era admitido (até meados do século XX), quanto a própria estrutura da Via Láctea foi revista, bem como o mapeamento da sua vizinhança foi possível.

Segundo o dr. Ronaldo Rogério de Freitas Mourão astrônomo-chefe da Divisão de Equatoriais do Observa-

---

[15] Diante das novas tecnologias, os cálculos sugerem até quatrocentos bilhões de estrelas.

58 CAPÍTULO V • O PLANETA TERRA

tório Nacional e chefe de pesquisas do Conselho Nacional de Pesquisas):

> (...) podemos concluir que devem existir muito mais planetas com condições de habitabilidade nas galáxias do que o que foi até hoje estimado, que era da ordem de 600 milhões. Cada dia que passa a própria ciência vem sempre confirmando o que dizia Shakespeare: "Há no céu e na terra, Horácio, bem mais coisa do que sonhou a nossa ciência". (MOURÃO, 1981, p. 120)

Curiosamente, mas não por acaso, o valor do cálculo que fora superado, ao qual se refere o nosso ilustre e sábio astrônomo brasileiro, pertence a outro ilustre astrônomo francês, Camille Flammarion (veja o livro *A Gênese*, de Allan Kardec, Cap. VI – Uranografia Geral, pp. 103 a 140).

Sabemos hoje que, além de sua forma espiralada, a nossa Via Láctea possui cinco braços curvos, ligados a um núcleo central. Calcula-se que a Via Láctea possua um diâmetro de, aproximadamente, cem mil anos-luz (ou seja, levaríamos cem mil anos viajando à velocidade da luz[16] para atravessar a nossa galáxia de um extremo ao outro), com fortes probabilidades de estas medidas serem muito superiores.

Os cinco braços espirais que se ligam ao núcleo galáctico receberam os nomes de Perseu, Norma, Scutum--Centauro, Sagitário e Órion (que é um braço menor).[17]

---

[16] A velocidade da luz é de, aproximadamente, 300.000 km/segundo.

[17] Até 2008 acreditava-se que a Via Láctea possuía 4 braços maiores, mas imagens reveladas pelo telescópio Spitzer refizeram a teoria, sugerindo a existência de apenas dois braços principais: Perseu e Scutum-Centauro. Os demais braços foram reclassificados como braços menores ou ramificações. O Sol e a Terra estariam numa espécie de apêndice interno, chamado Órion. (Nota da Editora)

Todo esse conjunto fantástico se encontra em um eterno movimento de rotação em direção ao infinito.

O mais interessante de tudo isto, e hoje cientificamente comprovado, é o fato de que a nossa Via Láctea não está sozinha no Universo. Já foram identificadas e catalogadas mais de vinte galáxias vizinhas. Em astronomia este conjunto de galáxias próximas é denominado de 'grupo local'.

Estas informações são para que possamos, primeiramente, perceber e refletir um pouco a respeito do nosso real tamanho. É impressionante como somos pequeninos diante da obra universal do Pai. Obra imensurável, infinita, contínua...

Contudo, cientes da nossa absoluta pequenez diante da obra do Criador de Todas as Coisas, é reconfortante saber que jamais estivemos órfãos.

Desta forma, a própria ciência nos induz a pensar que o nosso planeta não surgiu do acaso, assim como as leis que regem o universo (no microcosmo e no macrocosmo) não surgiram do nada.

2. O *Homo sapiens* no planeta

O surgimento dos seres humanos no planeta também nos leva a supor que não foi sem motivos. E, desde o aparecimento da criatura humana na Terra, é inquestionável a evolução da Humanidade, das cavernas pré-históricas aos dias atuais.

O *Homo sapiens*, por exemplo, está presente no planeta há, pelo menos, cem mil anos (e existem arqueólogos que admitem até duzentos mil anos). O *Homo sapiens neandertalensis*, cujos vestígios arqueológicos foram descobertos na região do vale Neander (Alemanha, em 1856), tem cerca de cem mil anos de idade (já comprovado pelos exames do Carbono[18] e outros tipos de exames laboratoriais).

Da época das cavernas, na Pré-história, até a invenção da escrita (que ocorreu, talvez, entre sexto ou quarto milênio antes de Cristo, ou seja, mais ou menos entre oito ou seis mil anos atrás), foi uma longuíssima jornada para os nossos antepassados.

E a escrita – desde os primeiros sinais das pinturas feitas nas paredes e tetos das cavernas (pinturas rupestres), passando pelas mensagens impressas em placas de argila, desenhadas em papiros e pergaminhos, depois dos livros manuscritos e, posteriormente, impressos por tipos móveis (com o surgimento da imprensa), até atingirmos os teclados dos microcomputadores e, mais recentemente, os teclados virtuais nas telas dos computadores –, foi uma longa caminhada que nos possibilitou a saída das tribos primitivas para alcançarmos as complexas sociedades do ônibus espacial, da fibra ótica, do *laptop*, do satélite, do raio laser, do telefone celular etc.

Assim, ao observarmos atentamente a nossa marcha evolutiva, percebemos que, da Pré-história ao século XXI, a Humanidade terrestre possui muito mais tempo de existência pré-histórica (considerada do surgimento dos primeiros *Homo sapiens* até a invenção da escrita) do que na História (da invenção da escrita aos dias de hoje) propriamente dita. Em outras palavras, nós permanecemos muito mais tempo no período pré-histórico em aprendizagem existencial, que o tempo vivido no período histórico, após a criação da escrita.

Deste modo, podemos afirmar que, desde a criação da escrita cuneiforme, dos ideogramas e das pictografias,

---

[18] Exames laboratoriais realizados com base no carbono, que é componente básico dos corpos terrestres (Carbono 14).

provavelmente entre as antigas sociedades mesopotâmicas, na Idade dos Metais (por volta do terceiro ou quarto milênio antes de Cristo), por meio dos avanços científico-tecnológicos humanos, nós caminhamos aceleradamente[19] ao estado tecnológico atual. Após um longo estágio (de oitenta ou cem mil anos), entre cavernas e tribos primitivas, os seres humanos deram um grande salto evolutivo com o surgimento da escrita.

Vejamos no gráfico a seguir a demonstração entre os respectivos períodos de tempo:

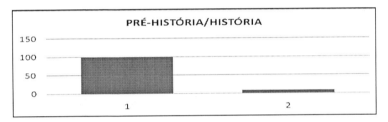

Legenda:
1) Pré-História: aproximadamente cem mil anos antes do presente (AP) – surgimento do Homo sapiens.
2) História: do surgimento da escrita, entre oito mil e seis mil antes do presente (AP), ao século XXI.

E, após o fundamental fenômeno da escrita, há um marco referencial ímpar que se nos apresenta na evolução da história da Humanidade terrestre: a vinda de Jesus ao planeta Terra.

O nosso minúsculo orbe azul foi alvo da atenção do Criador de Todas as Coisas, que nos enviou um dos seus emissários iluminados, um dos seus espíritos de escol,

---

[19] Obviamente, sabemos que tais benefícios não são compartilhados ainda por uma grande maioria dos habitantes do planeta, porém, estamos utilizando o exemplo como uma referência geral à evolução tecnológica.

62 CAPÍTULO V • O PLANETA TERRA

como mensageiro divino. Em outras palavras, mesmo que o nosso planeta seja uma *pequenina pedrinha azul flutuante na imensidão do universo*, o Pai nos enviou Jesus, mais uma prova da soberana bondade e justiça.

3. A maioridade terrestre

De acordo com o espírito Emmanuel, em seu livro *A Caminho da Luz* (psicografia de Chico Xavier, editado pela FEB), o nascimento de Jesus em nosso orbe assinalou a maioridade espiritual terrestre (veja Cap. XII – A vinda de Jesus – pp. 105 a 111).

De acordo com Emmanuel:

Começava a era definitiva da maioridade espiritual da Humanidade terrestre, de vez que Jesus, com sua exemplificação divina, entregaria o código da fraternidade e do amor a todos os corações. (1986, p. 105) (o destaque é nosso)

Analisando, em sentido amplo, a palavra 'maioridade' significa que, entre outras coisas, uma pessoa atingiu a idade específica para o cumprimento e exercício de determinados direitos e deveres perante a sociedade.

O desenvolvimento dos seres vivos em nosso mundo ocorre, de modo geral, mediante os processos de:

a) nascimento;
b) desenvolvimento;
c) reprodução;
e) morte.

Nós, seres humanos, em nossas diferentes etapas da vida, passamos pelas fases de:

a) infância;
b) adolescência;
c) maturidade;
d) velhice.

Diante desta representação, o período da maturidade indica que as fases da infância e da adolescência foram ultrapassadas atingindo-se, então, a maioridade (e, após esta última fase, será a velhice ou a "terceira idade" – ou a "melhor idade").

No Brasil, de acordo com a ordem jurídica, a partir dos dezoito[20] anos de idade, a pessoa atinge a maioridade civil, ou seja, a pessoa está habilitada para a prática de todos os atos civis (desde que com a posse plena das suas faculdades mentais).

A maioridade assinalada na Constituição Federal, por exemplo, é a maioridade civil (a legislação brasileira também reconhece as maioridades: militar; política e criminal/penal).

Em sentido figurado 'maioridade' também pode representar a idade da razão, da responsabilidade, do conhecimento, da compreensão, do discernimento etc.

E, retomando a questão da maioridade planetária, Allan Kardec assim se manifesta em *A Gênese* (2005, p. 522):

> **Tornada adulta, a Humanidade tem novas necessidades, aspirações mais vastas e mais elevadas**; compreende o vazio com que foi embalada, a insuficiência de suas instituições para lhe dar felicidade; já não encontra, no estado das coisas, as satisfações legítimas a que se sente com direito. Despoja-se, em consequência, das faixas infantis e se lança, impelida por irresistível força, para as margens desconhecidas, em busca de novos horizontes menos limitados. É a

---

[20] Novo Código Civil (2002): Parte Geral, Livro I, Título I, Capítulo I, Art. 5º.

64   CAPÍTULO V • O PLANETA TERRA

um desses períodos de transformação, ou, se o preferirem, de crescimento moral, que ora chega a Humanidade. Da adolescência chega ao estado viril. O passado já não pode bastar às suas novas aspirações, às suas novas necessidades; ela já não pode ser conduzida pelos mesmos métodos; não mais se deixa levar por ilusões, nem fantasmagorias; sua razão amadurecida reclama alimentos mais substanciosos. É demasiado efêmero o presente; ela sente que mais amplo é o seu destino e que a vida corpórea é excessivamente restrita para encerrá-lo inteiramente. Por isso, mergulha o olhar no passado e no futuro, a fim de descobrir num ou noutro o mistério da sua existência e de adquirir uma consoladora certeza. (o destaque é nosso)

Portanto, de acordo com Allan Kardec e com o espírito Emmanuel, o nosso mestre Jesus nasceu em nosso planeta Terra (o nosso querido *planetinha azul*) porque a Humanidade terrestre (encarnada e desencarnada) estava em plenas condições de recebê-lo e, portanto, de compreender as suas lições, de entender as suas mensagens.

Portanto, vale repetirmos: com o advento do Cristo a Humanidade terrestre atingira a sua maioridade espiritual.

Obviamente, com a maioridade vem também a responsabilidade dilatada. Vejamos, por exemplo, como ocorre conosco, encarnados, esse processo de amadurecimento.

Quando lidamos com os bebês, os nossos cuidados são redobrados, certamente. Tais cuidados permanecem enquanto ocorre a infância.

Chegando ao período da adolescência, nossos jovens continuam merecendo atenção e cuidados, porém, já necessitam de algumas doses (sempre homeopáticas...) de liberdade e responsabilidade.

Quando se atinge a maturidade, normalmente, há o

movimento de independência e de tomada de decisões em relação ao próprio destino. Os pais ainda zelam por seus filhos, contudo o grau de liberdade aumenta e, respectivamente, o nível da responsabilidade também se dilata.

Vejamos no esquema a seguir (que aprendemos com o nosso mentor, quando ainda encarnado, professor Newton de Barros) como podemos visualizar tais ideias, representando-as em forma de um desenho simples:

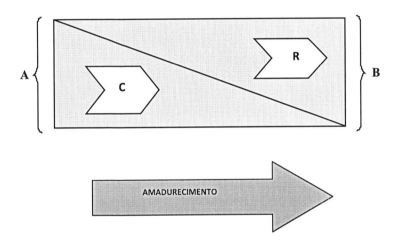

Legenda:
A = nascimento
C = representação do campo dos cuidados
B = maturidade
R = representação do campo das responsabilidades

Como podemos observar por meio do esquema, o retângulo representa o indivíduo.

66 CAPÍTULO V • O PLANETA TERRA

A seta abaixo do retângulo indica o sentido da evolução e/ou crescimento do indivíduo, que segue do ponto A (nascimento) para o ponto B (maturidade).

A letra C indica o campo dos cuidados (que corresponde à área inicial do retângulo) e a letra R aponta o campo das responsabilidades (o lado oposto do retângulo).

A linha que corta o retângulo no sentido diagonal (de cima para baixo) representa o movimento cuidado--responsabilidade.

Então, podemos observar que à medida que o "campo dos cuidados" diminui, ao seguirmos na direção do "nascimento" à "maturidade", proporcionalmente aumenta o "campo da responsabilidade".

Do esquema anteriormente apresentado também poderemos fazer as seguintes leituras, entre outras possíveis e cabíveis:

a) Em relação ao processo das sucessivas reencarnações (individual): do momento da criação (simples e ignorantes) ao momento da angelitude (espíritos puros).

b) A representação da evolução coletiva: dos grupos de habitantes; da Humanidade como um todo (encarnados e desencarnados) – em suas respectivas marchas em direção à perfeição.

c) A marcha evolutiva dos mundos (planetas), passando pelas diversas classificações dos orbes: dos mundos 'primitivos' aos mundos 'felizes'.

Vejamos no próximo capítulo, como elementos complementares, alguns dados quantitativos relacionados à população terrestre, no sentido de continuarmos com o nosso raciocínio sobre a transição planetária.

• PRIMEIRA PARTE •

capítulo
VI

Terra:
População e estatísticas

A estatística é a parte das ciências matemáticas na qual se investigam os processos de obtenção, organização e análise de dados sobre uma coleção de seres quaisquer, ou sobre uma população, e os métodos de tirar conclusões e fazer ilações ou predições com base nesses dados.

Vejamos, então, como a estatística pode nos auxiliar neste ponto dos nossos estudos. De acordo com os números da Organização das Nações Unidas (ONU), o planeta Terra possuía, no ano 2000, aproximadamente seis bilhões

68 CAPÍTULO VI • TERRA: POPULAÇÃO E ESTATÍSTICAS

de habitantes. Na tabela seguinte apresentamos os dados fornecidos pela ONU, inclusive com uma estimativa para o ano 2050:

Ano	População estimada
2000	6.070.581.000
2005	6.453.628.000
2050	8.910.000.000

Fonte: *The World at Six Billion*, ONU, 2006.[21]

Ainda de acordo com aquela mesma organização internacional, a taxa estimada de crescimento populacional mundial por ano é de 1,2%, ou seja, cerca de 77 milhões de indivíduos nascendo anualmente no orbe terrestre. Somente para exemplificar, a China possuía cerca de um bilhão e trezentos milhões de habitantes, no ano 2000.

E o nosso Brasil, o "coração do mundo e pátria do Evangelho", conforme o espírito Irmão X, em psicografia de Chico Xavier?

De acordo com o Instituto Brasileiro de Geografia e Estatística (IBGE), no ano 2000 o nosso país contava com aproximadamente 170 milhões de habitantes.[22] Diante destas informações convidamos os nossos irmãos e irmãs para três pequenos exercícios de reflexão. Vamos pensar juntos:

---

[21] Relatório divulgado pela ONU em 2007 indica que, em 2050, a população mundial passará dos 9,2 bilhões de habitantes. (Nota da Editora)

[22] Os números do IBGE disponíveis no ano do lançamento deste livro (2009) indicam mais de 190 milhões de brasileiros. (Nota da Editora)

1. Primeiro exercício

Suponhamos que para cada um encarnado (denominados vivos), existam dez desencarnados (ditos mortos), proporcionalmente, teríamos 1 para 10 (veja: Emmanuel/ Chico Xavier. Roteiro. 13ª ed. Rio de Janeiro: FEB, 2005. página 41). Assim, de acordo com os números da ONU para o ano 2000, teríamos:

Indivíduos	Estimativas
Encarnados	6 bilhões
Desencarnados	60 bilhões
TOTAL	66 bilhões

De acordo com a tabela, teríamos algo em torno de 66 bilhões de indivíduos (encarnados e desencarnados) constituindo a população total do nosso planeta azul.

2. Segundo exercício

Imaginemos que três soldados mensageiros viajam juntos por uma estrada e a ordem que receberam do general é não interromper a marcha, sob nenhuma hipótese, até a entrega da mensagem que levam.

Em determinado ponto a estrada se bifurca. O mapa que eles possuem indica que, muitos quilômetros adiante, os dois caminhos atingirão o mesmo objetivo.

O caminho da esquerda é mais curto, contudo, é muito mais perigoso e cheio de armadilhas, porque passa pela região ocupada pelo inimigo.

O caminho da direita é bem mais longo, entretanto, embora ainda apresente alguns empecilhos, passa por uma região amiga.

Sem interromper a marcha eles devem decidir qual

CAPÍTULO VI • TERRA: POPULAÇÃO E ESTATÍSTICAS

caminho devem tomar: o da direita ou o da esquerda? Para decidirem qual direção seguir, resolvem votar: a maioria ganha e o perdedor pode seguir junto ou não, ele escolherá.

São duas possibilidades básicas que se apresentam:

a) os três soldados seguem juntos, em comum acordo, quanto ao caminho escolhido;

b) dois soldados seguirão por um caminho e o terceiro soldado irá pelo outro, sozinho.

O raciocínio lógico (e o bom-senso) nos levaria ao caminho mais longo, que nos surge como menos perigoso, obviamente. Mas, ninguém é obrigado a pensar igual aos demais, graças ao nosso livre-arbítrio.

De modo geral, em reuniões nas quais duas ou mais pessoas se fazem presentes a tomada de decisões deve ser um consenso (ainda que haja conflitos) da maioria, obviamente.

Em processos minimamente democráticos, a maioria costuma vencer, como ocorre, por exemplo, em assembleias de condomínios, nas eleições políticas, nas reuniões de trabalho etc., cujas pautas buscam, geralmente, o bem comum, as melhorias necessárias, os projetos a serem desenvolvidos, entre outras questões importantes.

3. Terceiro exercício

Certa vez, após uma aula de história, um aluno da antiga quinta série me perguntou:

– Professor, até onde é a entrada de um túnel?

Olhei para o meninote sorridente e, alguns segundos depois, respondi:

– Eu não faço a menor ideia...

Com a alegria característica da ingenuidade infantil, acentuada em seus olhos brilhantes, ele sorriu ainda mais e disse:

– Ora professor, até a metade, porque da metade em diante já é a saída...

E saiu saltitante e vitorioso o nosso pequeno amigo que, naquele momento de descontração, nos forneceu uma ideia importante que utilizamos até hoje em nossas aulas e palestras. A metade do caminho, o meio, o centro... depois, é saída...

Com esta terceira e última história (verídica), encerramos a nossa proposta de exercícios de reflexão.

4. O meio... o centro...

Nas aulas de estatística aprendemos que a palavra 'média' representa, entre outras coisas, uma quantidade, um estado ou uma coisa que se situa em determinada equidistância dos pontos extremos.

Temos, na matemática, também como exemplo, a 'média aritmética', que é o quociente da soma de 'n' valores por 'n'.

Na língua portuguesa, 'medial' é um adjetivo que representa o que está no meio, que ocupa o meio. Por exemplo, na palavra 'força' a letra 'r' é a letra medial.

E, na Doutrina dos Espíritos, 'médium' é o intermediário entre o mundo dos encarnados e o dos desencarnados. Ele, o médium, encontra-se entre dois mundos.

Outro bom exemplo vem do campo da geometria, onde a expressão 'média proporcional' representa a média geométrica de dois valores. Vejamos na geometria um exemplo simples, com o desenho elementar, que qualquer pessoa poderá compreender: um segmento de reta, representado pelos pontos A e B.

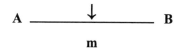

O ponto A representa o início do segmento de reta e o ponto B o final.

O ponto m representa a metade, o meio, o ponto central do referido segmento.

Ora, seguindo do ponto A para o ponto m, temos a primeira metade do percurso, e da mesma forma, continuam do ponto m ao ponto B, temos a segunda metade.

De acordo com a brincadeira daquele nosso aluno de história, narrada no exercício três, se estivéssemos no interior de um túnel, nos deslocando do ponto A (a entrada) para o ponto B (a saída), o ponto m seria a metade do caminho. Assim, a partir do ponto m (o meio) em diante, já estaríamos na segunda metade, que conduz à saída.

Diante de tudo o que descrevemos anteriormente, gostaríamos de retornar aos números com os quais iniciamos este capítulo, ou seja, os dados fornecidos pela ONU para a população mundial e pelo IBGE para a população brasileira.

Tomemos por referência o ano 2000. No ano 2000, de acordo com a ONU, éramos então seis bilhões de almas (encarnadas) no planeta Terra. Nossa pergunta simples é: quanto é a metade de seis bilhões? A resposta correta é: três bilhões, obviamente. Ora, a metade mais um já representariam a maioria. Então, três bilhões e um seria a maioria dos habitantes no nosso planeta.

Seguindo este mesmo pensamento para a população do Brasil (em 2000), que era da ordem de 170 milhões de pessoas, de acordo com o IBGE, teríamos 85 milhões de pessoas representando a metade da população brasileira.

Ora, 85 milhões mais um indivíduo já seria a maioria dos brasileiros.

Guardemos estes números para mais adiante porque voltaremos a eles:

a) Três bilhões e um, ou seja, a metade da população terrestre, no ano 2000, mais um indivíduo;

b) Oitenta e cinco milhões e um, a metade da população brasileira mais um.

De acordo com o nosso entendimento e com as nossas interpretações, a Humanidade terrestre chegou ao ponto medial, ao meio, do processo evolutivo, quando ocorreu o nascimento de Jesus.

A Humanidade terrestre atingira a sua maioridade com o advento do Cristo, ou estariam equivocados Kardec e Emmanuel? Obviamente esses dois mensageiros do mais alto não se equivocaram.

Pensamos, sim, que a maior fonte dos equívocos repousa entre nós.

SEGUNDA PARTE

A Doutrina Espírita *como referencial*

• SEGUNDA PARTE •

capítulo

I

Sobre o atual processo de regeneração nas obras básicas

Nesta parte do nosso trabalho apresentaremos os mais importantes trechos que foram destacados das obras básicas da Doutrina Espírita, que se referem diretamente (e algumas poucas que fazem alusões indiretas) ao fenômeno da transição planetária.

Utilizando como ponto de apoio os argumentos do próprio Allan Kardec, tentaremos demonstrar a tese central de nossos argumentos e acreditamos que não há a menor sombra de dúvidas sobre os textos aqui transcritos.

78 CAPÍTULO I • ... REGENERAÇÃO NAS OBRAS BÁSICAS

Talvez, tenha nos faltado um pouco mais de atenção aos detalhes e às interpretações, quando vistos em seu conjunto. Para os que desconhecem (ou que pouco conhecem) a Doutrina Espírita, faremos aqui uma brevíssima apresentação geral, pois há excelentes livros, de diferentes editoras espíritas, que aprofundam este assunto.

A Doutrina Espírita (ou dos Espíritos) surgiu na segunda metade do século XIX, na França, e foi apresentada ao mundo por Allan Kardec (pseudônimo do pedagogo francês Denizard Hippolyte Léon Rivail).

O livro primeiro foi *O Livro dos Espíritos* (1857), obra que foi seguida por *O Livro dos Médiuns* (1861), *O Evangelho Segundo o Espiritismo"* (1864), *O Céu e o Inferno* (1865) e *A Gênese* (1868).

Allan Kardec não foi o autor dos livros que compõem a codificação espírita, de acordo com as suas próprias palavras. Ele foi apenas o organizador (codificador) dos textos.

Curiosamente, mas não por acaso, Kardec desencarnou poucos meses após completar o último volume da codificação – *A Gênese* –, obra, portanto, que representou o seu "canto do cisne".

Considerando o tempo que separa a codificação espírita dos Evangelhos de Jesus, temos algo em torno de, pelo menos, 1.800 anos.

De acordo com os princípios espíritas, o espírito que liderou o movimento espiritual (que gerou os textos que foram organizados por Kardec) identificou-se como o "Espírito de Verdade", o "Consolador" (o "Paráclito"). Logo, identificado como sendo o próprio Jesus.

Conforme a literatura espírita, Jesus, um "espírito de escol", é o "governador espiritual" do planeta Terra, dirigindo assim o destino do orbe.

Passados pelo menos dois milênios desde a vinda de Jesus à Terra, como espírito encarnado, e em pleno início do terceiro milênio (estamos escrevendo estas linhas no ano de 2008), acreditamos que mensagens extremamente importantes foram transmitidas pelos amigos-mentores do mundo espiritual (mensagens que continuam chegando, dia após dia), desde as mais antigas eras, agravadas pelo momento presente, que se caracteriza, como pretendemos demonstrar aqui, por uma grande e profunda transição.

Apresentaremos a seguir os trechos que consideramos importantes contidos nos cinco livros básicos da codificação espírita. Desta forma, esperamos contribuir com as reflexões que poderão ser geradas como resultantes de um olhar que se deseja ser ampliado pela análise dos dados até agora apresentados e anotados.

Tomando como marco referencial a encarnação de Jesus (ano zero do século I), transcorreram 1.857 anos, aproximadamente, até a publicação de *O Livro dos Espíritos*, em Paris (França).

Vejamos adiante as obras básicas doutrinárias e as graves notícias nelas contidas.

• SEGUNDA PARTE •

capítulo

II

O Livro dos Espíritos
(1857)

1. Sinal dos tempos

A seguir apresentamos alguns trechos destacados do livro em análise, para verificarmos o que foi dito àquela época (meados do século XIX) sobre as transformações no globo terrestre.

Estamos optando por primeiro apresentar os trechos selecionados e depois comentá-los como um todo, interpretando-os, quando necessário.

82 CAPÍTULO II • *O Livro dos Espíritos*

Questão 1019 – Mensagem de São Luís

Predita foi a transformação da Humanidade e vos avizinhais do momento em que se dará... (p. 476)

Essa transformação se verificará por meio da encarnação de espíritos melhores, que constituirão na Terra uma geração nova. (p. 476)

A clareza da mensagem de São Luís não deixa dúvidas sobre a transformação do nosso orbe, por meio da transformação da Humanidade (encarnada e desencarnada), que estava já em vias de execução.

Nela, o espírito nos informa sobre a previsão da transformação da Humanidade (previsões contidas tanto no *Velho* quanto no *Novo Testamento*).

A mensagem sobre uma geração nova é repetida em vários outros trechos que apresentaremos a seguir, onde a ideia central é a da chegada de "espíritos melhores" que, juntos, formarão a "geração nova".

2. O exílio

O exílio representa a saída dos espíritos reincidentes no mal que, por opção, preferiram adiar a própria marcha evolutiva. Não se trata de um "castigo", mas de uma nova oportunidade fornecida pelo Criador, uma possibilidade de um recomeço, porém, sem perturbarem o novo ambiente aqui instalado.

Também encontramos no livro básico da Doutrina Espírita sérias informações sobre o "exílio". Apresentamos a seguir os trechos que separamos:

• SEGUNDA PARTE •

(...) os espíritos dos maus, que a morte vai ceifando dia a dia, e todos os que tentem deter a marcha das coisas serão daí excluídos, pois que viriam a estar deslocados entre os homens de bem, cuja felicidade perturbariam.

Irão para mundos novos, menos adiantados, desempenhar missões penosas, trabalhando pelo seu próprio adiantamento, ao mesmo tempo em que trabalharão pelo de seus irmãos ainda mais atrasados.

Neste banimento de espíritos da Terra transformada, não percebeis a alegoria do Paraíso perdido (...), não descobris a não menos sublime alegoria do pecado original?

(...) trabalhai, portanto, com ânimo e zelo na grande obra da regeneração, que colhereis pelo cêntuplo o grão que houverdes semeado.

Ai dos que fecham os olhos à luz! Preparam para si mesmos longos séculos de trevas e decepções. (p. 476)

As primeiras informações sobre o "exílio" são apresentadas em *O Livro dos Espíritos*, e da forma como nos são apresentadas também não são passíveis de interpretações dúbias. Ou estariam os mensageiros do Alto, liderados por Jesus, cometendo algum equívoco? Pensamos que os equívocos são, geralmente, nossos.

• SEGUNDA PARTE •

c a p í t u l o

III

O Livro dos Médiuns
(1861)

Após um intervalo de tempo que abrange quatro anos, desde a publicação de *O Livro dos Espíritos*, foi apresentado à Humanidade *O Livro dos Médiuns*.

Deste livro destacamos:

Transição

Em continuação às informações contidas em *O Livro dos Espíritos* encontramos os seguintes informes em *O Livro dos Médiuns*:

Mensagem de Chateaubriand (Cap. XXXI, nº 2):

O próprio Cristo preside aos trabalhos de toda sorte que se acham em via de execução, para vos abrirem a era de renovação e de aperfeiçoamento, que os vossos guias espirituais vos predizem. (p. 446)

Se, com efeito, (...) lançardes os olhos sobre os acontecimentos contemporâneos, reconhecereis, sem hesitação, os sinais precursores, que vos provarão, de maneira irrefragável, serem chegados os tempos preditos. (p. 446)

Irmãos, coragem! Trabalhais por vós mesmos e pelo futuro dos vossos; trabalhai, sobretudo, por vos melhorardes pessoalmente... (p. 447)

Como podemos observar, o *espírito* Chateaubriand é muito claro em sua comunicação. O mestre Jesus estaria na liderança do movimento de renovação planetária. Os acontecimentos contemporâneos não seriam um tipo de 'sinal'? É como se ouvíssemos ainda mais uma vez: "veja quem tem olhos para ver, ouça quem tem ouvidos para ouvir..."

Após três anos da publicação de *O Livro dos Médiuns*, eis que surge *O Evangelho Segundo o Espiritismo*.

• SEGUNDA PARTE •

capítulo
IV

O Evangelho
Segundo o Espiritismo
(1864)

No terceiro livro da codificação podemos, também, encontrar informações importantes sobre a transformação do planeta Terra. Vejamos:

Transição

Progressão dos Mundos
(Cap. III – Mensagem de Santo Agostinho):

Ao mesmo tempo que todos os seres vivos progridem moralmente, progridem materialmente os mundos em que eles habitam. (p. 85)

88   CAPÍTULO IV • *O EVANGELHO SEGUNDO O ESPIRITISMO*

Segundo aquela lei (a do progresso), este mundo **esteve material e moralmente num estado inferior ao que hoje se acha** e se alçará sob este duplo aspecto a um grau mais elevado. (p. 86)

Ele há chegado a um dos seus períodos de transformação, em que, de orbe expiatório, mudar-se-á em planeta de regeneração, onde os homens serão ditosos, porque nele imperará a lei de Deus. (p. 86)

A autoridade espiritual de Santo Agostinho é inquestionável (desde os tempos nos quais ele ainda habitava entre os encarnados). Servindo-se da Doutrina Espírita em construção naquele momento, Santo Agostinho sinaliza-nos que a Terra "esteve" (reparem o tempo do verbo: passado) em estado inferior, agora (ele escreveu em 1864) ela se acha em estado diferente. Ora, se a Terra "esteve" em estado inferior e mudou (final do século XIX), então não há dúvidas possíveis sobre o processo de transição. Estaria Santo Agostinho também "nos enganando" a todos? A favor de quê? Contra quê? A favor de quem? Contra quem?

Um ano após o surgimento de *O Evangelho Segundo o Espiritismo*, Allan Kardec publicou *O Céu e o Inferno*.

• SEGUNDA PARTE •

capítulo
V

O Céu e o Inferno
(1865)

Em sequência, ratificando as mensagens anteriores, os mensageiros do Alto escrevem também no livro *O Céu e o Inferno* importantes trechos que destacamos a seguir:

1. Punições

Purgatório (Cap. V, nº 9):
Na realidade não há para o espírito mais que duas alternativas, a saber: punição temporária e proporcional à culpa, e recompensa graduada segundo o mérito. (p. 66)

90 CAPÍTULO V • *O CÉU E O INFERNO*

Neste parágrafo registramos aqui as duas únicas posições (alternativas) possíveis diante das nossas opções em relação à evolução (individual e/ou coletiva). Acompanhar o movimento do planeta é uma opção individual.

2. Transição

Sem rodeios, os espíritos superiores esclarecem sobre a transição planetária que se opera desde então, com as seguintes palavras:

> Melhorados os homens, não fornecerão ao mundo invisível senão bons espíritos; e estes encarnando-se, por sua vez só oferecerão à Humanidade corporal elementos aperfeiçoados. (p. 66)

> A Terra deixará, então, de ser um mundo expiatório... (p. 66)

> (...) por esta transformação, **que neste momento se opera**, a Terra se elevará na hierarquia dos mundos. (p. 66)

> Referências ao profeta Ezequiel (*Velho Testamento*, cap. 18 e 33:11) (pp. 84 e 85)

Mais uma vez os espíritos de escol nos informam sobre o movimento de transformação sob o qual estamos todos submetidos. Aos rebeldes ainda haverá outras oportunidades de reverem seus amores fraternos, mas em outros mundos que não a Terra.

Novamente pedimos atenção dos leitores e leitoras para o tempo do verbo que foi utilizado no terceiro parágrafo: a mudança "que neste momento se opera" (destacamos). Há alguma dúvida sobre o "tempo" ao qual se refere a mensagem? Acreditamos que não. Observe-se que o texto foi publicado em 1865!

Decorridos três anos da publicação do livro *O Céu e o Inferno*, foi lançado o livro *A Gênese*, que foi o último livro publicado por Allan Kardec encarnado.

• SEGUNDA PARTE •

c a p í t u l o
VI

A Gênese
(1868)

Pensamos que as mensagens contidas neste livro são de extrema importância. Desta forma, destacamos as partes principais e as apresentamos a seguir. De acordo com Kardec (2005, p. 511):

> O progresso da Humanidade se cumpre, pois, em virtude de uma lei. Ora, como todas as leis da natureza são obra eterna da sabedoria e da presciência divinas, tudo o que é efeito dessas leis resulta da vontade de Deus, não de uma vontade acidental e caprichosa, mas de uma vontade imutável. Quando, por conseguinte, a Humanidade está madura para subir um degrau, pode dizer-se que são chegados os tempos marcados por Deus, como se pode dizer também que, em tal estação, eles chegam para a maturação dos frutos e sua colheita.

94 CAPÍTULO VI • *A GÊNESE*

1. Transição

A respeito da transição destacamos o seguinte trecho, cujo autor se identifica como D. R. Barry (*apud* KARDEC, 2005, p. 518):

> À agitação dos encarnados e desencarnados se juntam às vezes, e frequentemente mesmo, já que tudo se conjuga na natureza, as perturbações dos elementos físicos. Dá-se então, durante algum tempo, verdadeira confusão geral, mas que passa como furacão, após o qual o céu volta a estar sereno, e a Humanidade, reconstituída sobre novas bases, imbuída de novas ideias, começa a percorrer nova etapa de progresso...

Também destacamos as seguintes partes:

Cap. IX, n° 14 – **Cataclismos futuros:**

(...) as maiores perturbações ainda serão causadas pelos homens, mais do que pela natureza, isto é, serão antes morais e sociais do que físicas. (p. 187)

n° 61: (...) acontecerá nos últimos tempos; ora visto que **não chegamos ao fim do mundo, mas, ao contrário, à época da sua regeneração, devemos entender aquelas palavras** (Jesus, em Atos, cap. II, vv. 17 e 18) como indicativas dos últimos tempos do mundo moral que chega ao seu termo. (p. 397)

Os 'cataclismos' precisam ser descritos? Quantos exemplos nós possuímos de tais fenômenos naturais (ou também os provocados pelos próprios seres humanos) cotidianamente em nosso século atual (XXI)?

Observe-se que o texto em destaque foi produzido em 1868. Quantos eventos do tipo descrito anteriormente ocorreram daquele tempo até o nosso? Poderíamos citar pelo menos uma centena de 'cataclismos' só para o século XX. Do mesmo modo fica bem clara a questão da "regeneração" do planeta. Não haverá "milagres" (a natureza não dá saltos...), não se trata de "fim do mundo" (repetimos), mas de modificação do mesmo, por caminhos e formas nem sempre observáveis ou perceptíveis aos sentidos (de encarnados e/ou desencarnados, de modo geral).

2. Sinais dos tempos

A seguir apresentamos as palavras de Kardec em relação ao período em análise:

> São chegados os tempos, dizem-nos de todas as partes, marcados por Deus, em que grandes acontecimentos se vão dar para a regeneração da Humanidade. Em que sentido se devem entender essas palavras proféticas? Para os incrédulos, nenhuma importância têm; aos seus olhos, nada mais exprimem que uma crença pueril, sem fundamento. Para a maioria dos crentes, elas apresentam qualquer coisa de místico e de sobrenatural, parecendo-lhes prenunciadoras da subversão das leis da natureza. São igualmente errôneas ambas essas interpretações; a primeira, porque envolve uma negação da Providência; a segunda, porque tais palavras não anunciam a perturbação das leis da natureza, mas o cumprimento dessas leis. (KARDEC, 2005, p. 509)

3. Exílio

Nas passagens a seguir estão as informações mais graves sobre o "exílio". Solicitamos aos leitores e leitoras muita atenção no trecho em destaque. Com

96   Capítulo VI • *A Gênese*

certeza não há espaços para dúvidas, divagações e interpretações dúbias.

Cap. XI, n° 35 a 37 – **Emigrações e imigrações dos espíritos.**

n° 38 - **Raça adâmica:**

(...) foi uma dessas grandes imigrações, ou se quiserem, uma dessas colônias de espíritos, vinda de outra esfera, que deu origem à raça simbolizada na pessoa de Adão e, por essa razão mesma, chamada raça adâmica. (p. 226)

n° 43 a 45 – **Doutrina dos anjos decaídos:**

É quando se dão as grandes emigrações e imigrações. (p. 230)

Os que, apesar da sua inteligência e do seu saber, perseveram no mal (...) se tornariam daí em diante um embaraço ao ulterior progresso moral, uma causa permanente de perturbação para a tranquilidade e a felicidade dos bons, pelo que são excluídos da Humanidade a que até então pertenceram e tangidos para mundos menos adiantados, onde aplicarão a inteligência e a intuição dos conhecimentos que adquiriram ao progresso daqueles entre os quais passam a viver, ao mesmo tempo expiarão (...) suas passadas faltas e seu voluntário endurecimento. (p. 230)

(...) ao mesmo tempo que os maus se afastam do mundo em que habitavam, espíritos melhores aí os substituem... (p. 231)

São às vezes parciais essas mutações (...); doutras vezes, são gerais, quando chega para o globo o período de renovação. (p. 231)

n° 63: Tendo que reinar na Terra o bem, necessário é sejam dela excluídos os espíritos endurecidos no mal e que possam acarretar-lhe perturbações. (p. 397)

n° 67: O juízo, pelo progresso da emigração, conforme ficou explicado acima *[n° 63]*, é racional; funda-se na mais rigorosa justiça, visto que conserva para o espírito, eternamente,

• SEGUNDA PARTE •

o seu livre-arbítrio; não constitui privilégio para ninguém; a todas as suas criaturas, sem exceção alguma, concede Deus igual liberdade de ação para progredirem... (p. 397)

(...) com a única, mas capital diferença, de que **uma parte dos espíritos que encarnavam na Terra aí não mais tornarão a encarnar**. Em cada criança que nascer, em vez de um espírito atrasado e inclinado ao mal, que antes nela encarnaria, virá um espírito mais adiantado e propenso ao bem. (p. 418)

Nossos comentários aqui poderiam gerar um novo livro, devido aos inúmeros convites à reflexão apresentados pelos trechos em destaque. Porém, tentaremos ser breves.

A mudança de *status* do planeta Terra, nos parece, é um **projeto divino** (veja a "Lei Universal do Progresso" em *O Livro dos Espíritos*) em plena execução. Os anúncios (ou mensagens) sobre este 'projeto' são tão antigos quanto as mais antigas das civilizações terrestres, então não é nenhuma novidade o que por ora se nos apresentam os informes anteriores. Talvez o fator novo esteja localizado na forma de compreendermos tal processo de mudanças e sua operacionalidade (ou seja, como ocorre o desenvolvimento do projeto divino de mudança no *status* planetário).

A expressão "exílio" pode parecer forte e apelativa, valendo relembrar que culturalmente vivemos ainda sob a égide da "culpa" (principalmente devido aos diversos e diferenciados movimentos religiosos, de hoje e de outrora). Portanto, se há culpa, haverá punição, este é o raciocínio comum. Contudo não podemos perder de foco que invariavelmente, em se tratando de Doutrina Espírita, existem as 'atenuantes', as 'moratórias', enfim, outras formas de remissão, que dependem única e exclusivamente ao indivíduo (encarnado ou desencarnado).

De acordo com a literatura espírita geral, o "grau de culpa" pode ser abrandado, já que o "trabalho em favor do próximo" pode se transformar em 'atenuante' a favor do "culpado". Se a própria legislação humana (cheia de falhas e brechas) se utiliza de tal pressuposto, por que a legislação divina não o faria em grau de perfeição?

Quando se referem os nossos mensageiros (desde a Antiguidade) ao "coração endurecido", obviamente estão se referindo aos recalcitrantes milenares, o que não significa dizer que não devemos manter vigilância sobre nossos atos, palavras, pensamentos e intenções. "Corações endurecidos no mal" são aqueles incorrigíveis (pelo menos, momentaneamente), são aqueles que não conseguem ainda conviver em sociedade sem prejudicá-la seriamente.

O "exílio" (ou o 'convite aberto ao recomeço') com absoluta certeza já se opera. Desencarnando, os "rebeldes" não mais poderão retornar ao planeta Terra, sem antes 'retomar' os seus destinos de 'filhos da Luz e herdeiros de Deus'.

Cada um de nós vai tecendo a sua roupa espiritual, dia após dia. Façamos a nossa parte para merecermos o nosso planeta renovado.

4. Progressão dos mundos

Também gostaríamos de apontar os trechos que versam sobre a transição pela qual passam os mundos. Certamente o nosso não pode ser diferente dos demais, porque é obra do Criador e, portanto, submetido às mesmas leis universais.

> Os mundos progridem, fisicamente, pela elaboração da matéria e, moralmente, pela purificação dos espíritos que os habitam. (pp. 230 e 231)

Logo que um mundo tem chegado a um de seus períodos de transformação, a fim de elevar-se na hierarquia dos mundos, operam-se mutações na sua população encarnada e desencarnada. (p. 230)

A marcha evolutiva é uma questão de lei universal, que não depende de nós para ser posta em prática, ela (a lei) existe e ponto final. O que nos cabe é tentar acompanhar o processo (ou não); esta escolha sim, depende de cada um de nós.

5. Sinais

Cap. XVII – Sinais precursores

nº 57: Mas, quando chegar o momento, os homens serão advertidos por meio de sinais precursores. (p. 395)

nº 58: Não é racional se suponha que Deus destrua o mundo precisamente quando ele entre no caminho do progresso moral, pela prática dos ensinos evangélicos. (...) É, pois, o fim do mundo velho, do mundo governado pelos preconceitos, pelo orgulho, pelo egoísmo, pelo fanatismo, pela incredulidade, pela cupidez, por todas as paixões pecaminosas... (p. 396)

Já comentamos sobre os 'sinais' anteriormente, de forma mais genérica. Vale relembrar aqui que todas estas notícias foram dadas no final do século XIX, portanto não há novidades. A única novidade, repetimos, talvez seja a forma de entendê-las.

6. Novos tempos são chegados

Nos trechos destacados a seguir, pensamos que, da mesma forma que nas informações anteriores, não pairam dúvidas sobre o gravíssimo momento que passamos em nosso mundo. (Destacamos partes específicas dos trechos.)

Cap. XVIII – **São chegados os tempos** (p. 401) ("Sinais dos tempos" e "A geração nova")

n° 2: (...) o nosso globo, como tudo o que existe, está submetido à lei do progresso. Ele progride, fisicamente, pela transformação dos elementos que o compõem e, moralmente, pela depuração dos espíritos encarnados e desencarnados que o povoam. Ambos esses progressos se realizam paralelamente... (pp. 401 e 402)

n° 4: **Onde parece haver perturbações, o que há são movimentos parciais e isolados, que se nos afiguram irregulares apenas porque circunscrita é a nossa visão. Se lhes pudéssemos abarcar o conjunto, veríamos que tais irregularidades são apenas aparentes e que se harmonizam com o todo.** (p. 403)

n° 5: A Humanidade tem realizado, até ao presente, incontestáveis progressos. (...) Essa fase, que neste momento se elabora, é o complemento indispensável do estado precedente (...) **e é por isso que se diz que são chegados os tempos determinados por Deus.** (pp. 403 e 404)

n° 6: Nestes tempos, porém, não se trata de uma mudança parcial, de uma renovação limitada a certa região, ou a um povo, a uma raça. **Trata-se de um movimento universal, a operar-se no sentido do progresso moral.** (p. 404)

n° 7: Mas **uma mudança tão radical como a que se está elaborando não pode realizar-se sem comoções.** Há, inevitavelmente, luta de ideias. (...) Hoje, não são mais as entranhas do planeta que se agitam: são as da Humanidade. (p. 405)

• SEGUNDA PARTE •

nº 8: **Quando se diz que a Humanidade chegou a um período de transformação e que a Terra tem de se elevar na hierarquia dos mundos**, nada de místico vejais nessas palavras; vede, ao contrário, **a execução de uma das grandes leis fatais do Universo**, contra as quais se quebra toda a má--vontade humana. (p. 407)

nº 9: A Humanidade terrestre, **tendo chegado a um desses períodos de crescimento, está em cheio, há quase um século, no trabalho da sua regeneração.** (...) É no período que ora se inicia que o Espiritismo florescerá e dará frutos. (pp. 407 e 408)

nº 10: Haverá, portanto, uma luta inevitável, mas luta desigual, porque é a do passado decrépito, a cair em frangalhos, contra o futuro juvenil. Será a luta da estagnação contra o progresso, da criatura contra a vontade do Criador, **uma vez que chegados são os tempos por ele determinados.** (p. 417)

A objetividade e a clareza das palavras em destaque não permitem qualquer sombra de dúvidas, repetimos.

Não sabemos por quais motivos ainda há (entre muitos espíritas) certa 'teimosia' em verificar estes fatos, em compreender estas mensagens. Muito provavelmente a insistência em se manter 'agarrado' aos antigos conceitos (e padrões) demonstre alguma falta de conhecimento das obras básicas da Doutrina (ou, por outro lado, o interesse em manter-se comodamente em posição de inércia).

Por que insistir em não estudar *A Gênese*? Não o sabemos. Por que não aceitar o que foi dito e escrito no último livro publicado por Allan Kardec (ou, ao menos, tentar compreender a gravidade das informações contidas naquela obra)?

Quando nos prendemos somente aos aspectos negativos da existência, não seria hora de pensarmos em mudar o foco de observação? Muitas pessoas (e muitos espíritas)

CAPÍTULO VI • *A GÊNESE*

ainda preferem o lado obscuro da vida (ou da Doutrina), valorizando pormenores e esquecendo-se das grandiosidades da existência. Não seria o tempo de uma reavaliação?

Não estamos aqui afirmando que o que é velho não possui valor ou é destituído de importância, pois todo conhecimento novo só pode ocorrer devido ao que foi realizado anteriormente.

Porém, há que existir espaço para o conhecimento novo (obviamente, não defendemos a primazia do que é novo apenas e simplesmente por ser uma 'novidade'). Nossa posição é a de que devemos avaliar criteriosamente tanto o velho quanto o novo, e de cada um deles extrair o que há de bom, de útil, de válido.

As novidades contidas no livro *A Gênese*, de Allan Kardec, não são realmente "novas". Basta, por exemplo, revermos alguns trechos dos textos do Velho Testamento: estão lá as 'novidades' (isto porque não estamos citando textos de outras religiões mais antigas).

As novidades apresentadas no livro *A Gênese* se encontram, principalmente, na forma como foi apresentada à Humanidade – por meio de espíritos –, por sua profundidade e extensão conceitual e, ainda, por sua interpretação da transição planetária (desvelando, por exemplo, as obscuras mensagens do *Velho Testamento* e clareando, ainda mais, as mensagens do *Novo Testamento*).

De que mais precisamos nós?

7. As novas gerações

Todos os dias somos surpreendidos por notícias sobre as crianças que estão nascendo em nosso planeta. Cada vez mais os 'sinais de renovação' se fazem perceber. Observemos com todo o cuidado as características das

• SEGUNDA PARTE •

crianças que nos cercam, vejamos como são diferentes. Há algo de 'novo', de 'diferente' nos pequeninos e nas pequeninas que chegam ao orbe diariamente. As gerações novas estão ao nosso redor. (os destaques são nossos)

n° 27: "**A geração nova**":

Havendo chegado o tempo, grande emigração se verifica dos que a habitam: a dos que praticam o mal pelo mal, ainda não tocados pelo sentimento do bem, os quais, já não sendo dignos do planeta transformado, serão excluídos... (...) Irão expiar o **endurecimento de seus corações**, uns em mundos inferiores, outros em raças terrestres ainda atrasadas... (p. 418)

n° 28: **A época atual é de transição**; confundem-se os elementos das duas gerações. Colocados no ponto intermédio, assistimos à partida de uma e à chegada da outra... (p. 419)

Percebamos, ainda mais uma vez, que o tempo do verbo (presente do indicativo) utilizado por Kardec, sob a orientação dos espíritos superiores, é uma 'indicação' de que as coisas já estavam em processo. Então podemos supor que não se trata de "evento futuro", mas sim de acontecimentos em vias de execução.

Permitam-nos os leitores e leitoras relembrar nesta parte um caso ocorrido em minha terra natal, que bem pode ilustrar os comentários destes textos em destaque.

Na história do Espiritismo de Nova Iguaçu (Baixada Fluminense, RJ), por exemplo, deparamos com relatos de que o insigne orador e escritor espírita, professor Leopoldo Machado, foi de certa forma incompreendido por seus pares, em sua época (início do século XX), quando defendia o que ele denominava de "Espiritismo de vivos".

O professor Leopoldo propugnava, entre outras coisas interessantes, a utilização das artes (o teatro, a música,

104 CAPÍTULO VI • *A GÊNESE*

a declamação etc.) em prol da Doutrina Espírita, e por esta 'novidade'" ele foi mal interpretado, pasmem, pelos próprios "espíritas" da 'cidade dos laranjais em flor'.

O conceito de "Espiritismo de vivos" incluía principalmente os jovens (as chamadas mocidades espíritas) em seus projetos e atividades, questão que também enfrentou resistências múltiplas e multifacetadas de muitos "espíritas".

O professor Leopoldo já prenunciava e vislumbrava a importância das 'gerações novas'? Bastante provável que sim.

O "Espiritismo de vivos" abraçava ainda a ideia (e a prática) do trabalho em favor do próximo – dos cansados, dos decaídos, dos feridos (no corpo e na alma), dos órfãos, dos idosos etc.. Existe algo mais cristão-espírita do que isto? Ainda assim o professor Leopoldo foi mal interpretado por alguns "companheiros de ideal".

O que são as 'novidades', então? Qual é a função das 'novidades' no ambiente espírita? Onde estão os nossos jovens (a 'geração nova')? Estamos nós acompanhando a "marcha acelerada" dos jovens (ou estamos tentando "desacelerá-los")? Quanto tudo isto poderá "custar" ao Espiritismo no Futuro? O Espiritismo, na forma pela qual é apresentado hoje aos jovens, é algo 'atraente'? Por que a maioria dos frequentadores das casas espíritas é constituída pelos 'mais velhos'? Onde está a 'força jovem'? Em outras religiões, talvez? A Doutrina Espírita não necessita então do novo, da novidade, do jovem?

O nosso planeta está em vias de mudanças aceleradas, e isto é o que nos interessa refletir. A 'geração nova' está conosco, 'esbarramos' com ela todos os dias da semana. O que nos falta fazer? O que mais desejamos saber? O que mais queremos nós os espíritas? Mais sinais, mais provas, mais materializações, mais mensagens, um novo 'Messias'? Até quando, quanto mais?

Parece-nos que o "Espiritismo de vivos", do professor Leopoldo Machado, é mais necessário hoje do que fora ontem (talvez, nunca tenha sido tão necessário quanto o é agora).

Quanto à participação de cada um de nós neste movimento renovador não nos cabe aqui discutir; a regeneração é uma questão de foro íntimo.

8. Regenerados: predisposição para o bem

Muitos irmãos e irmãs possuem certas dúvidas sobre a regeneração, principalmente quando, equivocadamente, pensam que regenerar-se é tornar-se um espírito puro, da noite para o dia. Não se trata disto, obviamente.

De acordo com as informações seguintes acreditamos que as dúvidas a esse respeito serão minimizadas: *regenerar-se significa dizer, entre outras coisas, que a pessoa (encarnada ou desencarnada) deve estar predisposta à renovação.*

Leiamos o trecho com muita atenção. (os destaques são nossos)

> nº 30: Sejam os que componham a nova geração espíritos melhores, ou espíritos antigos que se melhoraram, o resultado é o mesmo. **Desde que trazem disposições melhores, há sempre renovação.** Assim os espíritos encarnados formam duas categorias: de um lado, os retardatários, que partem; de outro, os progressistas que chegam. (p. 420)

> nº 33: **A regeneração da Humanidade, portanto, não exige absolutamente a renovação integral dos espíritos: basta uma modificação em suas disposições morais.** (...) Assim, nem sempre os que voltam são outros espíritos; são, com frequência os mesmos espíritos, mas sentindo e pensando de outra maneira. (p. 421)

Basta uma modificação em suas disposições morais... O desejo sincero, a vontade real de modificação, de melhorar-se, este é o sinal.

Relembramos aqui, mais uma vez, que Allan Kardec desencarnou em 1869, portanto todas as informações que foram destacadas anteriormente foram transmitidas pelos espíritos superiores no transcorrer da segunda metade do século XIX, portanto há mais de um século. Ora, de duas uma:

a) ou confiamos nas mensagens do mundo maior, tomando-as como certas;

b) ou não aceitamos as mensagens, fechamos os olhos e os ouvidos.

Pensamos que o que não pode haver são "meias verdades", quando se trata de Doutrina Espírita.

Allan Kardec teria se equivocado quando organizou o seu último texto? Então, por que a última unidade didática, contida no último capítulo do último livro é sobre a geração nova, sobre a regeneração? Mero acaso? Pensamos que não seja este o caso.

• SEGUNDA PARTE •

capítulo
VII

Informações complementares

Obras Póstumas
(1890)

Este livro não faz parte do chamado 'pentateuco kardequiano', porém, as mensagens nele contidas são de grande importância e por isto resolvemos acrescentá-lo aqui.

No ano de 1890, após um intervalo de vinte e um anos da publicação do último livro da codificação espírita (*A Gênese*), um novo volume foi organizado e publicado pelo senhor Pierre-Gaëtan Leymarie, amigo da família Kardec e

108   CAPÍTULO VI • *OBRAS PÓSTUMAS*

pela senhora Amélie Boudet, viúva de Allan Kardec, com o título *Obras Póstumas*.

O material publicado foi o resultado de uma seleção de textos avulsos encontrados em meio aos pertences de Allan Kardec, após a sua desencarnação.

Alguns trechos são semelhantes a outros já descritos nas obras doutrinárias básicas codificadas por Kardec, entretanto, há complementações relevantes que também merecem a nossa atenção.

Aqui transcrevemos alguns trechos a título de acréscimo (porque pertencentes a Allan Kardec, quando ainda encarnado). Vejamos.

1. Transição

Mensagem de Pamphile:
A vossa época é má; ela acaba e gera: acaba um período doloroso e **gera uma época de regeneração física, de adiantamento moral, de progresso intelectual.** (...) Mais adiantados também em bondade, os vossos descendentes farão desta infeliz Terra o que não haveis sabido fazer: um mundo ditoso (...). **Já desponta a aurora dessas ideias**; chega-nos, por momentos, a claridade delas. (...) os espíritos adiantados virão em multidões, tomar lugar entre os colonos deste globo; estarão em maioria e tudo lhes cederá espaço. Far-se-á a renovação e a face do globo será mudada, porquanto essa raça será grande e poderosa e o momento em que ela vier assinalará o começo dos tempos venturosos. (pp. 169 e 170)

Observem o tempo verbal utilizado nesta mensagem, por exemplo: "Já desponta a aurora dessas ideias". O espírito está usando o tempo presente para identificar o momento.

2. Renovação

Acontecimentos (7 de maio de 1856). [O texto inclui o anúncio (profecia) da Primeira Guerra Mundial.]

(...) **são chegados os tempos preditos de uma renovação da Humanidade.** (p. 278)

Acontecimentos (12 de maio de 1856):

(...) Pode-se, pois, dizer que **os tempos são chegados, sem que isso signifique que as coisas sucederão amanhã. Significa unicamente que vos achais no período em que se verificarão.** (p. 280)

Da mesma forma que a mensagem anterior, verifica-se também aqui o tempo verbal no presente: "são chegados os tempos preditos".

O espírito comunicante é bem mais enfático na segunda frase em destaque, não significa que as coisas acontecerão no futuro ("amanhã"), mas que já estão acontecendo ("vos achais no período"); a clareza é contundente.

3. Regeneração da Humanidade

Regeneração da Humanidade

– Precipitam-se com rapidez os acontecimentos, **pelo que já não vos dizemos, como outrora: "Aproximam-se os tempos". Agora, dizemos: "Os tempos são chegados".** (p. 321)

– Não sentis que um como vento sopra sobre a Terra e agita todos os espíritos? (p. 321)

110   CAPÍTULO VI • *OBRAS PÓSTUMAS*

– Para que na Terra sejam felizes os homens, preciso se faz que somente a povoem espíritos bons (...). **Como já chegou esse tempo, uma grande emigração neste momento se opera entre os que a habitam.** Os que praticam o mal pelo mal, alheios ao sentimento do bem, dela se verão excluídos... (p. 322)

Diante do anteriormente descrito, fica claro que podemos compreender os acontecimentos ou eventos espíritas como sinais ratificadores de uma grande transição e, talvez, uma última, para este momento específico do nosso planeta Terra.

Obviamente, o movimento-processo de transformação-transição não cessou no século XIX, contrariamente, pensamos que ele recrudesceu.

Ampliando-se o arco de renovação do orbe terrestre, diante da Lei Universal do Progresso, nada (e/ou ninguém) poderá deter tal movimento, porque é lei divina.

E, para finalizar esta parte, destacamos mais um trecho do livro *A Gênese* (2005, p. 526) no qual constam as seguintes afirmações de Kardec:

Hoje, a Humanidade está madura para lançar o olhar a alturas que nunca tentou divisar, a fim de nutrir-se de ideias mais amplas e compreender o que antes não compreendia. A geração que desaparece levará consigo seus erros e prejuízos; a geração que surge, retemperada em fonte mais pura, imbuída de ideias mais sãs, imprimirá ao mundo ascensional movimento, no sentido do progresso moral que assinalará a nova fase da evolução humana...

Terceira Parte

Outras Obras Espíritas de referência

• TERCEIRA PARTE •

Introdução

Do momento em que foi publicado o livro *Obras Póstumas*, passaram-se quarenta e nove anos, quase meio século, quando surgiu no Brasil a continuação das obras doutrinárias, primeiramente pelas mãos da mediunidade de Francisco Cândido Xavier (o Chico Xavier) e, posteriormente, por outros escritores e médiuns brasileiros.

A mediunidade de Chico Xavier foi reconhecida internacionalmente, e a sua ilibada conduta como seareiro do Cristo e divulgador da Doutrina dos Espíritos dispensam nossos modestos comentários.

As mensagens mediúnicas (a maioria delas psicografadas, nas quais um espírito as ditou ou escreveu) de Chico Xavier formam um todo orgânico direcionado, de modo geral, à ética e moral cristã-espírita.

114 INTRODUÇÃO

Na obra de Chico Xavier destacamos alguns trechos que são extremamente importantes e que, por seus conteúdos, complementam os nossos argumentos.

O primeiro livro que destacamos é de autoria do espírito Emmanuel (mentor de Chico Xavier), cujo título é: *A Caminho da Luz*. Um monumento literário, a maior síntese de história da Humanidade, como afirmava repetidas vezes o professor Newton Gonçalves de Barros.

O livro foi produzido no decorrer do ano de 1938, porém só foi publicado pela Federação Espírita Brasileira em 1939.

Vejamos a transcrição de algumas partes da importantíssima obra de Emmanuel.

• TERCEIRA PARTE •

capítulo

I

A Caminho da Luz
Emmanuel/Chico Xavier (1939)

1. Transição

Raças adâmicas: As lutas finais de um longo aperfeiçoamento estavam delineadas, **como ora acontece convosco**, relativamente às transições esperadas no século XX, neste crepúsculo de civilização. (p. 34) (o destaque é nosso)

Começava a era definitiva da maioridade espiritual da Humanidade terrestre (...) (p. 105). [Fala sobre a vinda de Jesus.]

2. Lutas renovadoras

Lutas renovadoras. [Anúncio da Segunda Guerra Mundial.] O século XX surgiu no horizonte do globo, qual arena de lutas renovadoras. (p. 207)

Numerosas transformações são aguardadas e o Espiritismo esclarece os corações, renovando a personalidade espiritual das criaturas para o futuro que se aproxima. (p. 208)

As guerras russo-japonesas e a europeia de 1914-1918 foram pródromos de uma luta maior, que não vem muito longe, **e dentro da qual o planeta alijará todos os espíritos rebeldes e galvanizados no crime**, que não soubera aproveitar a dádiva de numerosos milênios, no patrimônio sagrado do tempo. (p. 208)

3. Tempo de reajustamento

Mas **é chegado o tempo de um reajustamento de todos os valores humanos.** Se as dolorosas expiações coletivas preludiam a época dos últimos 'ais' do apocalipse, a espiritualidade tem de penetrar as realizações do homem físico, conduzindo-os para o bem de toda a Humanidade. (p. 213)

São chegados os tempos em que as forças do mal serão compelidas a abandonar as suas derradeiras posições de domínio nos ambientes terrestres... (p. 214)

Uma tempestade de amarguras varrerá toda a Terra. Os filhos de Jerusalém de todos os séculos devem chorar, contemplando essas chuvas de lágrimas e de sangue que rebentarão das nuvens pesadas de suas consciências enegrecidas. (p. 214)

Vive-se agora, na Terra, um crepúsculo, ao qual sucederá profunda noite; e ao século XX compete a missão do desfecho desses acontecimentos espantosos. (p. 215)

• TERCEIRA PARTE •

Precisamos comentar alguma coisa aqui? Há ainda alguma dúvida sobre as mensagens de Emmanuel?

4. Corações endurecidos e o exílio

Então a Terra, como aquele mundo longínquo da Capela, ver-se-á livre das entidades endurecidas no mal, porque o homem da radiotelefonia e do transatlântico precisa de alma e sentimento, a fim de não perverter as sagradas conquistas do progresso. (p. 208)

Ficarão no mundo os que puderem compreender a lição do amor e da fraternidade sob a égide de Jesus, cuja misericórdia é o verbo de vida e luz, desde o princípio. (p. 208)

As informações colhidas no livro de Emmanuel vêm ratificar aquelas outras mensagens contidas (desde o *Velho Testamento* e continuadas no *Novo Testamento*) nas obras básicas da Doutrina Espírita.

Confirmando em gênero, número e grau todas as notícias sobre o processo acelerado de regeneração do planeta Terra.

Em sua personalidade característica – enérgica, objetiva e racional –, o espírito Emmanuel aponta inclusive o período no qual o processo se tornou mais rigoroso: durante e após a Segunda Guerra Mundial (1939-1945).

Do mesmo modo ele utiliza o verbo no tempo presente ("é chegado o tempo", "são chegados os tempos", "vive-se agora" etc.). Observem que o livro foi publicado em 1939.

Estaria o espírito Emmanuel enganado em suas mensagens? Ou, contrariamente, nós não fomos leitores suficientemente atentos de seus textos iluminados?

118   CAPÍTULO I • *A CAMINHO DA LUZ*

Contudo, a parte mais grave do referido livro de Emmanuel deixamos para o final desta parte.

Emmanuel nos informa, já na introdução da obra que o momento da *"aferição de todos os valores terrestres"* (op. cit., p. 13), eram uma realidade, desde as primeiras décadas do século XX (mormente, durante e após as duas guerras mundiais).

Entretanto, o zeloso mentor de Chico Xavier afirma que existe uma **comunidade de espíritos puros** (op. cit., p. 17), que dirige "**(...) todas as comunidades planetárias (...)**" e, evidentemente, também o nosso sistema planetário. O mestre Jesus é um dos membros daquela comunidade angélica.

De acordo com Emmanuel, esse grupo de espíritos puros só se reuniu nos arredores do planeta Terra em duas gravíssimas ocasiões:

1) Durante o período de criação do planeta – a primeira reunião celeste.

2) Quando foi decidida a vinda de Jesus ao nosso mundo – a segunda reunião dos 'anjos do Senhor'.

Todavia, o sábio mentor de Chico Xavier assim se expressa já ao final do referido livro:

> Espíritos abnegados e esclarecidos falam-nos de uma nova reunião da comunidade das potências angélicas do sistema solar, da qual é Jesus um dos membros divinos. Reunir-se-á, de novo, a sociedade celeste, pela terceira vez, na atmosfera terrestre, desde que o Cristo recebeu a sagrada missão de abraçar e redimir a nossa Humanidade, decidindo novamente sobre os destinos do nosso mundo. Que resultará desse conclave dos Anjos do Infinito? Deus o sabe. Nas grandes transições do século que passa, aguardemos o seu amor e a sua misericórdia. (EMMANUEL, 1986, p. 219)

Meus irmãos e minhas irmãs, pedimos que leiam atentamente este trecho e reflitam conosco sobre a gravidade da mensagem.

Uma terceira reunião dos 'anjos do Senhor'! Qual é o motivo principal de uma reunião dessa ordem? Somente a regeneração do planeta a justificaria, dada a sua importância e seu significado.

• TERCEIRA PARTE •

capítulo

II

Obreiros da Vida Eterna
André Luiz/Chico Xavier (1946)

Após um intervalo de sete anos da publicação da obra de Emmanuel, outro autor espiritual, conhecido como André Luiz, volta a abordar o tema da transição, no seu livro *Obreiros da Vida Eterna*, e que também nos fornece importantes informações sobre o período de mudanças planetárias. Vejamos.

Pensamos que esta obra de André Luiz merece toda a nossa atenção, devido aos detalhes importantes que uma leitura superficial pode deixar passar.

Assim, o capítulo 10, "Fogo Purificador", surge-nos como uma lição sem precedentes, que nos orienta, no mínimo, a uma grave reflexão.

122 CAPÍTULO II • *OBREIROS DA VIDA ETERNA*

1. Renovação consciencial

Cap. X – **Fogo purificador:**

(...) Casa Transitória (...) Irmã Zenóbia (...) padre Hipólito (...) (p. 157)

(...) **receber todos os sofredores que se apresentarem renovados** (...). Irmão Jerônimo (p. 160)

(...) purificação consciencial (...) (p. 161) [Estado mental de predisposição para o bem.]

2. Desintegradores elétricos

(...) a tormenta de fogo ia começar, metódica e mecanicamente. (p. 161)

(...) desintegradores elétricos (...) (p. 161)

(...) a descarga elétrica não se detivera na superfície. Penetrara a substância sob nossos pés, porque espantoso rumor se fez sentir nas profundezas. (p. 162)

(...) desintegradores elétricos (...) evita o aparecimento de tempestades magnéticas (...) quando os resíduos inferiores de matéria mental se amontoam excessivamente no plano. (p. 162)

A Casa Transitória, conforme o espírito André Luiz, é uma casa-hospital que se movimento e atua diretamente nas zonas inferiores planetárias (região que entre os espíritas ficou conhecida por 'umbral', e alguns até já o transformaram em uma nova "versão do inferno", pasmem!). É uma zona de transição, carregada de energias densas, área de passagem entre a "crosta terrestre" e as regiões mais "purificadas".

• TERCEIRA PARTE • 123

De acordo com o trecho em destaque podemos perceber também que, naquela operação de 'resgate', todos os desencarnados que apresentassem sinais de 'renovação' (predisposição para o bem) deviam ser recolhidos pelas equipes de socorro. O sinal de renovação era reconhecido pelos socorristas por uma 'tênue iluminação', representando o primeiro passo em direção à 'conscientização' do indivíduo em relação a sua própria condição/necessidade de socorro espiritual.

Os "desintegradores elétricos" (naquela época, em ausência de uma terminologia mais adequada, assim foi designado o tal aparelho) seriam instrumentos poderosos de "limpeza energética ambiental", utilizados e programados pelos espíritos superiores, que supervisionam todas as atividades nos setores mais baixos do umbral (em outras palavras, as regiões mais próximas da superfície do planeta Terra).

Tecnologia ainda desconhecida nos dias atuais entre nós encarnados – somente há poucas décadas entre nós encarnados são realizados experimentos de limpeza ambiental por intermédio de substâncias químicas, porém em relação às forças eletromagnéticas, poucas notícias científicas se têm a respeito, a não ser nos raríssimos casos das experimentações espaciais, ainda em fase de testes.

Perante esta informação, percebe-se que até mesmo as "cavernas" foram submetidas aos desintegradores elétricos. André Luiz relata que sentia as 'entranhas' da superfície vibrar.

Observa-se ainda que este tipo de trabalho seja constantemente repetido (significa compreender que a tarefa não foi executada uma única vez, mas que continua até o presente como uma rotina). Ora, então a limpeza (ou higienização) do umbral é uma práxis do mundo maior, há pelo menos mais de cinquenta anos.

Após a leitura destes trechos ficou uma questão em

124 CAPÍTULO II • *OBREIROS DA VIDA ETERNA*

nosso pensamento (e que, talvez, tenha ficado também na mente dos leitores e das leitoras). Se somente os 'renovados' eram resgatados, para onde foram os 'não-renovados'? Foram 'desintegrados' pelos poderosos geradores de força eletromagnética? Ou teriam sido submetidos à chamada "reencarnação compulsória" (veja André Luiz)? Em alguns casos específicos o espírito desencarnado pode ser conduzido ao processo da reencarnação "compulsoriamente" (ou seja, por motivos de força maior, obrigados a beber o 'remédio amargo'; e não fazemos o mesmo com nossas crianças?).

Só por mera curiosidade: quantos de nós nascemos após 1946? Alguém se habilita a responder? Como anda a nossa predisposição para o bem?

Aliás, 1946 foi o primeiro anos do pós-guerra (Segunda Guerra Mundial). Vamos relembrar as mensagens de Emmanuel, em seu livro *A Caminho da Luz*?

• TERCEIRA PARTE •

capítulo
III

Os Exilados da Capela
Edgard Armond (1951)

Passados cinco anos da publicação do citado livro de André Luiz, surgiu outra obra que retoma o assunto da transição planetária. Trata-se do livro *Os Exilados da Capela*, cuja autoria se deve ao expositor, escritor e médium Edgard Armond (também conhecido por comandante Armond).[23]

Publicado em 1951 o livro em análise trouxe uma série de importantes informações complementares sobre o processo de renovação do planeta Terra. Deste livro extraímos também alguns trechos muito importantes

---

[23] Outra obra do autor que também aborda a transição planetária: *A Hora do Apocalipse* (Editora Aliança).

126 CAPÍTULO III • OS EXILADOS DA CAPELA

(principalmente a parte XXII, "A passagem do milênio"
(p. 110 e seguintes).
Vejamos então.

A passagem do milênio

XXII – A passagem do milênio:

Estamos agora vivendo novamente um momento desses
(...) (p. 111)

(...) um novo paraíso será perdido para muitos (...) (p. 115)

Neste livro o autor (encarnado) descreve os processos
de 'separação' pelo qual passou aquele longínquo mundo
do sistema estelar de Capela e pelo qual, em semelhança,
passa atualmente o nosso planeta Terra.

O autor também identifica alguns grupos reencarna-
dos na Terra, desde a Antiguidade, como sendo de 'capelinos'. Tais grupos, direta ou indiretamente, auxiliaram o
progresso dos terrícolas.

Armond reporta-se ainda ao período grave de transição do milênio (do século XX para o século XXI) e a representação, sentido e significado desta passagem para o
nosso planeta.

Corroborando o que foi dito nas obras anteriores, o
autor escreve sobre o "período de seleção" iniciado em
nosso planeta.

Utilizando recursos da história da Humanidade,
Armond apresenta-nos ideias nas quais percebemos que
muitos povos da Antiguidade (entre as chamadas grandes
civilizações do passado), eram formados por um grande
número de 'capelinos'. Vários daqueles povos escreveram
(e deixaram registrados para a posteridade), em prosa e em

verso, sobre as suas saudades de um "paraíso perdido". E a figura emblemática de Adão aí se enquadra.

A astronomia (ciência) comprova que existem milhões de mundos habitáveis em nossa Via Láctea (e muitos mais pelo universo afora), e com certeza muitos deles servirão de nova moradia para os 'exilados terrestres'.

• TERCEIRA PARTE •

capítulo
IV

Memórias de um Suicida
Camilo Cândido Botelho/Yvonne Pereira (1955)

Quatro anos após a publicação do livro de Edgard Armond, foi publicado o livro *Memórias de um Suicida*, apresentado ao público espírita brasileiro pela médium Yvonne Pereira.

Este é outro livro clássico da Doutrina Espírita no Brasil, que merece toda nossa atenção e leitura detalhada.

Nesse livro também encontramos informações preciosas sobre o momento atual do planeta Terra.

Vale relembrar aqui que a referida obra possui sua origem em documentos redigidos desde 1926 (conforme afirma a sua autora na introdução do mesmo), portanto, cronologicamente falando, a obra é mais antiga que as pu-

130   CAPÍTULO IV • *MEMÓRIAS DE UM SUICIDA*

blicações de Chico Xavier, que foram utilizadas nas páginas anteriores deste nosso trabalho.

Entretanto, sabemos que por aconselhamento espiritual, a sua primeira edição só ocorreu em 1955.

O espírito Camilo Cândido Botelho (pseudônimo), autor do livro, logo nas primeiras linhas do livro, aponta o final do século XIX como referência temporal: "Precisamente no mês de janeiro do ano da graça de 1891 (...)". (p. 15)

Portanto, até o ano de 1926 (quando foi iniciado o trabalho de psicografia), está o intervalo de tempo no qual podemos situar a mensagem.

O trecho em destaque pertence a um capítulo que tem o instigante título "Homem, conhece-te a ti mesmo" (Cap. III, pp. 451 a 480), relembrando-nos o antigo templo grego, localizado na cidade de Delfos, que transformara a vida do filósofo Sócrates.

1. Rigorosa seleção e o parto de valores

(...) pois que urgia auxiliar a regeneração do gênero humano, já que estava iminente rigorosa seleção, por parte da Providência, entre os espíritos e os homens pertencentes aos núcleos terrenos (...). (p. 457)

E no mesmo parágrafo a mensagem do exílio:

(...) porque o planeta sofreria em breve o seu parto de valores, expulsando para mundos inferiores os incorrigíveis (...). (p. 457)

A valorosa médium também escreve a respeito do exílio, apresentando ainda a ideia de uma "rigorosa seleção".

2. Os incorrigíveis

Ainda no mesmo trecho (numa síntese impressionante em conteúdo, relevância e em significado, diga-se de passagem), os amigos do mundo maior nos alertam sobre o tempo perdido. Vejamos:

(...) os incorrigíveis desde há dois mil anos (...). (p. 457)

3. Socialismo fraterno

(...) para, então, estabelecer-se, não só no planeta como em seus continentes astrais, aquela era de progresso sonhada pelo mestre da Galileia, presidida pelo socialismo fraterno estatuídos nos áureos códigos da sua doutrina. (p. 458)

Mais uma vez, se trata do rigoroso processo de seleção que ocorre no mundo maior, não há juízes nem tribunais, o que ocorre é uma 'autosseleção', ou seja, nossas condições vibratórias (energéticas) vão determinar quem pode ou não continuar no orbe.

De acordo com o espírito Emmanuel, o ponto de aceleração do processo de seleção foi a Primeira Guerra Mundial (1914-1918), a segunda "peneira" (com malhas mais finas) foi a Segunda Guerra Mundial (1939-1945). Os que reencarnaram após estes períodos "passaram pelas duas primeiras peneiras". Daquele momento em diante, só Deus sabe quantas "peneiras" estão por vir.

Conforme a conhecida médium, o processo representa um "parto de valores", no qual alguns permanecerão no planeta, outros não terão o mesmo destino.

O mestre da Galileia prometeu, entre outras coisas,

que o bem venceria e assim será; assim ocorre neste exato momento.

É interessante observarmos que Allan Kardec também fez referências a uma nova ordem social em *A Gênese* (2005, p. 525). Vejamos:

> **A fraternidade será a pedra angular da nova ordem social**; mas, não há fraternidade real, sólida, efetiva, senão assente em base inabalável e essa base é a fé, não a fé em tais ou tais dogmas particulares, que mudam com os tempos e os povos e que mutuamente se apedrejam, porquanto, anatematizando-se uns aos outros, alimentam o antagonismo, mas a fé nos princípios fundamentais que toda a gente pode aceitar e aceitará: Deus, a alma, o futuro, o progresso individual infinito, a perpetuidade das relações entre os seres. Quando todos os homens estiverem convencidos de que Deus é o mesmo para todos; de que esse Deus, soberanamente justo e bom, nada de injusto pode querer; que não dele, porém dos homens vem o mal, todos se considerarão filhos do mesmo Pai e se estenderão as mãos uns aos outros. Essa a fé que o Espiritismo faculta e que doravante será o eixo em torno do qual girará o gênero humano, quaisquer que sejam os cultos e as crenças particulares... (o destaque é nosso)

• TERCEIRA PARTE •

capítulo

V

O Espírito e o Tempo
Herculano Pires (1964)

Decorridos nove anos do lançamento da obra mediúnica de Yvonne Pereira, foi publicado no Brasil o livro *O Espírito e o Tempo*, pelo filósofo, poeta, jornalista e orador espírita José Herculano Pires.

Na referida obra há um capítulo inteiro cujo título é "Mundo de Regeneração" (Parte III – Cap. V – pp. 171 a 182), do qual extraímos os seguintes trechos:

> **Humanidade Cósmica**: Aquilo que há cem anos parecia uma simples utopia, ou alucinação de um visionário, hoje já se tornou admitido até mesmo pelos mais fortes redutos da tradição terrena. A evolução acelerou-se de tal forma, no transcorrer deste século, a partir da publicação de *O Livro dos Espíritos*, que o sonho de uma Humanidade cósmica parece

134 CAPÍTULO V • *O ESPÍRITO E O TEMPO*

prestes a mostrar-nos a sua face real, através das conquistas da ciência. (p. 171)

A qualificação de mundos inferiores e mundos superiores é antes relativa que absoluta. Um mundo é inferior ou superior em relação ao que está abaixo ou acima dele, na escala progressiva. A medida cósmica é a evolução. "Embaixo" e "em cima" são expressões graduais, e não locais.

[Provas e Expiações] Essa é a categoria atual da Terra. Mas é, também, a condição que ela está prestes a deixar, a fim de elevar-se à categoria de mundo de regeneração. (p. 174)

Os espíritos não anunciam uma transição miraculosa, mas uma transformação progressiva do mundo, que já está em plena realização. Nosso mundo de regeneração será mais ou menos feliz, segundo a nossa capacidade de construí-lo. (p. 175)

O homem terreno atingiu o grau evolutivo que lhe permite responder plenamente pelas suas ações.

A Humanidade regenerada, embora ainda não tenha atingido a perfeição relativa dos mundos felizes, viverá numa estrutura de relações de tipo moral. (p. 176)

O império da justiça, no mundo de regeneração, marcará o início da libertação dos espíritos que permanecerem na Terra. Mas esse mesmo fato representará a continuidade da escravidão, para os que foram obrigados a retirar-se para mundos inferiores. (p. 181)

A transformação espírita do mundo começa no coração de cada criatura que a deseja. Por isso ensinava o Cristo que o Reino de Deus está dentro de nós, e que não começa por sinais exteriores. (p. 182)

O ilustre pensador e escritor espírita, cuja obra extensa dispensa nossos modestos comentários, também faz graves referências ao processo renovador. Reparem que o tempo verbal também está no presente.

• TERCEIRA PARTE •

capítulo
VI

Evolução para o Terceiro Milênio
Carlos Toledo Rizzini (1977)

Passados treze anos da publicação do livro de Herculano Pires, um novo livro foi publicado, desta vez, pelo ilustre pesquisador do Jardim Botânico do Rio de Janeiro e membro da Academia Brasileira de Ciências, professor dr. Carlos Toledo Rizzini, sob o sugestivo e empolgante título *Evolução para o Terceiro Milênio*.

Nesta obra que merece toda a nossa atenção e estudo, encontramos, mais uma vez, referências graves sobre o processo de transição planetária.

136 CAPÍTULO VI • *EVOLUÇÃO PARA O TERCEIRO MILÊNIO*

1. Renovação mental

Parte IV – **Renovação Mental** – Cap. 9, nº 32:

(...) a revolta e o desânimo lançam-nos na subversão, terrorismo e inércia, situando-nos na classe dos espíritos falidos ... (p. 344)

Aos comentários do autor gostaríamos de acrescentar aqui também algumas palavras de Allan Kardec a respeito dos 'revoltados':

O que, ao contrário, distingue os espíritos atrasados é, em primeiro lugar, a revolta contra Deus, pelo se negarem a reconhecer qualquer poder superior aos poderes humanos; a propensão instintiva para as paixões degradantes, para os sentimentos anti-fraternos de egoísmo, de orgulho, de inveja, de ciúme; enfim, o apego a tudo o que é material: a sensualidade, a cupidez, a avareza. (*A gênese*, 2005, p. 531)

2. Última chamada e o degredo

(...) agora que está sendo feita a ÚLTIMA CHAMADA... (p. 344)

(...) depois, é o degredo, o exílio noutros mundos, também de Deus, mas inferiores a este... (p. 344)

Em sua parte final o autor nos apresenta suas reflexões a respeito da transição planetária. Suas informações são todas acordes com a Doutrina dos Espíritos e não deixam dúvidas sobre a gravidade do momento.

Os 'espíritos falidos' assinalados pelo professor Rizzini são aqueles mesmos que em outras partes encontramos sob a expressão "corações endurecidos no mal". E, de acordo com o raciocínio do ilustre pesquisador brasileiro, não haverá mais chances de recuperar o tempo perdido em nosso planeta.

A "última chamada" representa um gravíssimo sinal que nos alerta para o "exílio" em execução; depois, será a experiência em outros mundos, em outras moradas.

• TERCEIRA PARTE •

c a p í t u l o
VII

Pedagogia Espírita
Herculano Pires (1990)

Treze anos após a publicação do livro do professor dr. Rizzini, surge outra obra de Herculano Pires, lançada em 1990: o livro *Pedagogia Espírita*. Nesse livro, o filósofo-escritor mencionou, diretamente, a palavra 'regeneração' várias vezes.[24]

Citaremos a seguir apenas alguns trechos selecionados:

> Regenerar quer dizer gerar de novo. Regenerar o homem é gerar no homem velho dos nossos tempos o homem novo do Evangelho. (p. 21)

---

[24] Veja, por exemplo, as páginas: 18, 19, 20, 21, 60 e 107.

Sinais do novo mundo – Na verdade, já temos muito mais do que os chamados sinais dos tempos. (p. 108)

Temos a própria sinalização do novo mundo em transformação, em evidente transição, do mundo em que nos criamos. (...) As transformações decorrentes desses fatos [aceleramento espantoso da evolução tecnológica e científica] ainda estão em curso, e diariamente as sentimos em nosso redor. (pp. 108 e 109)

É sempre válido frisar que a expressão 'regenerado' não é equivalente à expressão 'santificado' (ou 'purificado'). Em momento algum estamos aqui afirmando que no orbe terreno somente existem, agora, espíritos 'santificados' ou 'purificados'. Contrariamente, reconhecemos as necessidades enormes ainda existentes em todos nós, em relação à autoeducação.

• TERCEIRA PARTE •

capítulo
VIII

Entre Verdades e Sorrisos
Newton de Barros (1991)

Em 1991, em um intervalo de um ano após a publicação do livro de José Herculano Pires, outro importante livro foi publicado no Brasil: *Entre Verdades e Sorrisos*.

Seu autor foi o nosso querido mestre-amigo professor Newton Gonçalves de Barros, que tivemos a honra de conhecer e acompanhar de perto nos seus últimos quinze anos de existência terrestre.

O livro é composto por uma coletânea de artigos que foram publicados, anteriormente, em diferentes jornais e revistas nacionais.

A publicação foi dedicada ao "Natal Permanente" de uma importante obra espírita de assistência social, man-

142 CAPÍTULO VIII • *ENTRE VERDADES E SORRISOS*

tida pelo Grupo Espírita da Fraternidade Irmão José (na região de Barra de Guaratiba, RJ).

Um dos artigos possui o título: "Regenerados", e dele transcrevemos os trechos listados a seguir.

1. Emigração

Regenerados...

(...) Havendo chegado o tempo, grande emigração se verifica... (p. 120)

(...) há explicitamente o exílio dos espíritos reincidentes no mal... (p. 120)

2. Família

No lar estariam reunidos os responsáveis pelos erros comuns. Apoiar uma família seria auxiliar o resgate de todos os seus componentes, em débitos recíprocos. (p. 121)

3. Força moral

PARA SUBJUGAR A MALDADE, SOMENTE A FORÇA MORAL. (p. 122)

(...) a educação do fortalecimento da VONTADE: ELEVAÇÃO MENTAL CONTÍNUA. (p. 122)

QUERER É AÇÃO DO CONSCIENTE. (p. 123)

Nosso professor e amigo de todas as horas, atualmente vivendo e trabalhando[25] no mundo maior, escreveu muitas outras páginas. Durante a década e meia na qual o acompanhamos cotidianamente, líamos seus textos e ouvíamos as suas palestras repetidas vezes com a avidez do aprendiz sedento por saber.

Invariavelmente o assunto 'regeneração' era pontuado, discutido e assinalado em suas práticas doutrinárias.

Os principais pontos da 'regeneração da Humanidade' aprendemos com o professor Newton e por ele fomos incentivados em nossas pesquisas posteriores (e acreditamos que agora ainda mais).

Como instrumento principal da educação do espírito, para tentarmos fugir do "endurecimento do coração", o velho mestre indicava e exemplificava o "fortalecimento da vontade" mediante a prática do bem.

Educar a vontade, segundo o professor Newton de Barros, era lutar diariamente pela "elevação mental contínua" (lição fornecida pelo espírito André Luiz, pela mediunidade de Chico Xavier). Ou seja, educar atos, palavras, intenções e pensamentos (uma lição nada fácil de aprender e praticar).

Ratificando as lições da Doutrina Espírita, o professor Newton descrevia o grupo reencarnado em família como co-responsável pela evolução coletiva. Em nossas famílias estão os nossos compromissos reencarnatórios mais graves e dos quais não nos podemos isentar (adiar, talvez, porém o momento não é dos mais propícios para os adiamentos).

E aqui encerramos esta parte do nosso livro com mais um trecho do livro *A Gênese* de Allan Kardec, no qual as informações sobre a seleção são bastante claras:

---

[25] Fomos informados por um médium (cuja seriedade e compromisso são inquestionáveis) que o nosso amigo e professor se encontra, atualmente, trabalhando nas fileiras dos "Samaritanos de Branco" (veja *Nosso Lar*, de André Luiz/Chico Xavier).

144 CAPÍTULO VIII • *ENTRE VERDADES E SORRISOS*

Não se deve entender que por meio dessa emigração de espíritos sejam expulsos da Terra e relegados para mundos inferiores todos os espíritos retardatários. Muitos, ao contrário, aí voltarão, porquanto muitos há que o são porque cederam ao arrastamento das circunstâncias e do exemplo. Nesses, a casca é pior do que o cerne. Uma vez subtraídos à influência da matéria e dos prejuízos do mundo corporal, eles, em sua maioria, verão as coisas de maneira inteiramente diversa daquela por que as viam quando em vida, conforme os múltiplos casos que conhecemos. Para isso, têm a auxiliá-los espíritos benévolos que por eles se interessam e se dão pressa em esclarecê-los e em lhes mostrar quão falso era o caminho que seguiam. Nós mesmos, pelas nossas preces e exortações, podemos concorrer para que eles se melhorem, visto que entre mortos e vivos há perpétua solidariedade. É muito simples o modo por que se opera a transformação, sendo, como se vê, todo ele de ordem moral, sem se afastar em nada das leis da natureza. (...)

Todos estes autores espíritas não poderiam estar enganados em suas análises, em suas percepções. Certamente, todos eles, direta ou indiretamente, trataram da regeneração em suas obras, respectivamente.

Mais uma vez, perguntamos: ainda precisamos de mais alguma coisa? Mais sinais? Mais mensagens? Até quando?

Pensamos que o momento presente é de crucial importância para todos nós, encarnados e desencarnados; a hora é agora, não temos mais tempo para adiamentos.

E, de acordo com as palavras do homem de Nazaré, o mestre dos mestres, Jesus: **"Reconcilia-te depressa com o teu irmão..."**. E, mais: **"Vai e não erres mais para que não te aconteça algo pior..."**.

QUARTA PARTE

Juntando os pontos e amarrando as pontas

• QUARTA PARTE •

D e acordo com a Doutrina dos Espíritos, *o progresso da Humanidade é irreversível,* porque, conforme Santo Agostinho: "*(...) O progresso é lei da natureza*" ·(*O Evangelho Segundo o Espiritismo,* Cap. III – Há muitas moradas, p. 85),[26] podendo ser embaraçado, porém jamais detido. Assim acreditamos (porque sabemos) que a marcha evolutiva prossegue apesar dos espíritos recalcitrantes (encarnados e/ou desencarnados).

O processo evolutivo abrange não só os espíritos (desde a sua criação), mas também os mundos (que progridem em estágios relativos à maioria dos seus habitantes – encarnados e desencarnados).

---

[26] Veja também *O Livro dos Espíritos,* Parte Terceira, "Das Leis Morais", Cap. VIII – Da Lei do Progresso, p. 362 e segs.

Conforme encontramos em *O Evangelho Segundo o Espiritismo*, Santo Agostinho nos esclarece que:

> Os mundos regenerados servem de transição entre os mundos de expiação e os mundos felizes. A alma penitente encontra neles a calma e o repouso e acaba por depurar-se. (p. 84)

Um pouco mais adiante no mesmo capítulo, o mesmo espírito benfeitor assim explica:

> [O homem] Ainda tem de suportar provas, porém, sem as pungentes angústias da expiação. (*idem, ibidem*)

E, continuando o seu esclarecimento, ainda ensina:

> Mas, ah! Nesses mundos, ainda falível é o homem e o espírito do mal não há perdido completamente o seu império.

No livro *A Gênese*, Allan Kardec, escreve o seguinte:

> A regeneração da Humanidade, portanto, não exige absolutamente a renovação integral dos espíritos: basta uma modificação em suas disposições morais. (p. 421)

Desde que a maioria dos habitantes de um planeta seja composta por um determinado grupo, que possua como marca principal determinados valores (positivos ou negativos), esse conjunto (entidades + mundo) fornecerá as características classificatórias do orbe.

Allan Kardec assim descreve essa ideia:

> Sejam os que componham a nova geração espíritos melhores, ou espíritos antigos que se melhoraram, o resultado é o mesmo. Desde que trazem disposições melhores, há sempre uma renovação. (op. cit., p. 420)

• QUARTA PARTE •

Nascem no planeta Terra, a cada minuto que passa, milhares de novos irmãos e irmãs que mereceram estar aqui no planeta já modificado. Essas crianças têm recebido diversos adjetivos pelo mundo afora, como, por exemplo: *crianças luz, índigo, cristal, nova era etc.* Entretanto, a tipificação pouco importa, desde que essas crianças representem verdadeiramente a geração nova que se renova dia após dia. Veja quem tem olhos de ver...

Simultaneamente, desencarnam milhares de almas, que retornarão daqui a pouco como indivíduos ainda melhores. No estágio atual, poucos (aí sim, uma minoria) não poderão continuar aqui (por algum tempo, apenas).

O processo seletivo é rigoroso, com certeza, mas ainda há tempo de nos movermos em direção ao bem. Somos, sim, os 'trabalhadores da última hora', mas podemos ganhar o nosso dia.

Vejamos no esquema que segue (cuja autoria é do professor Newton Gonçalves de Barros), como poderíamos representar os grupos humanos (encarnados e desencarnados), cuja simbologia básica foi tomada emprestada da matemática. São três situações elementares para esse nosso raciocínio:

A) BEM < MAL (o bem é menor que o mal);

B) BEM = MAL (o bem é igual ao mal);

C) BEM > MAL (o bem é maior que o mal).

Vejamos no esquema a seguir como poderíamos representar o mesmo raciocínio enunciado:

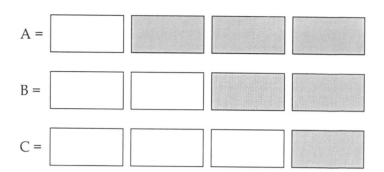

Legenda: a cor branca representa o bem e a cor cinza representa o mal.

O esquema pode representar ainda, por exemplo, a população de um planeta, ou a marcha evolutiva de um indivíduo, ou mesmo a evolução de uma coletividade.

Na situação A, o bem é superado pelo mal (bem é MENOR que o mal) e viver em tais condições é mais uma questão de pura sobrevivência e de defesa constante da própria vida, cujos exemplos seriam os mundos primitivos.

Na situação B o bem é equivalente ao mal (bem é IGUAL ao mal), ou seja, poderá haver prevalência de um ou de outro conforme seja o caso. Por pura timidez, o bem se recolhe e o mal sobressai. Exemplos: os planetas de provas e expiações, como bem conhecemos por meio da nossa própria história.

Na situação C o bem prevalece e sobrepuja o mal (bem é MAIOR que mal). Nesta situação o mal ainda não foi totalmente eliminado, porém, não consegue mais superar as 'forças' do bem. Exemplos: mundos de transição, em processo de regeneração e regenerados.

Conforme assinala o próprio Kardec (*A Gênese*, p. 520) no trecho a seguir, o progresso do planeta já estava previsto e era esperado:

• Quarta Parte • 151

A Humanidade é um ser coletivo em quem se operam as mesmas revoluções morais por que passa todo ser individual, com a diferença de que umas se realizam de ano em ano e as outras de século em século. Acompanhe-se a Humanidade em suas evoluções através dos tempos e ver--se-á a vida das diversas raças marcada por períodos que dão a cada época uma fisionomia especial.

Diante deste raciocínio elementar, gostaríamos de apresentar alguns dos trechos que destacamos dos cinco livros básicos da Doutrina Espírita e, em seguida, traçar breves comentários a respeito de cada uma das partes em destaque.

Após esta longa exposição de argumentos (presentes entre nós desde o *Velho Testamento*), vamos tentar finalizar este trabalho não com soluções irremediáveis, mas com pontos para reflexões.

Aproveitamos para relembrar Allan Kardec, ainda mais uma vez, e sugerimos a aqueles e aquelas que desejam compreender a Doutrina dos Espíritos, que iniciem seus estudos por *O Livro dos Espíritos*, pois nele se encontra toda a base estrutural da codificação; as demais obras são de aprofundamento.

Entendemos que aqui a palavra 'estudar' possui extensões que vão além do ato comum. Em nossa forma de compreender 'estudar' é:

a) ler *O Livro dos Espíritos* do início ao fim, fazendo as suas anotações pessoais;

b) refletir sobre os assuntos com profundidade e propriedade, se possível trocando conhecimentos com pessoas mais experientes;

c) colocar em prática a teoria analisada (e esta é a parte mais complicada...).

Retomando então nossas ideias centrais, contidas

neste livro, vamos recapitular algumas propostas para reflexão geral.

Desde os tempos mais antigos da chamada civilização terrestre, as notícias sobre uma transição (ou mudança) estão contidas nas mais diferentes filosofias religiosas.

No caso específico deste livro, fizemos o recorte (que é sempre arbitrário por parte de quem o faz) histórico a partir do povo hebreu (ou judeu), cuja documentação utilizada tem por base o *Velho Testamento*.

Naqueles livros encontramos várias notícias sobre a mudança planetária, anunciadas por diferentes indivíduos (profetas, líderes espirituais etc.). E pensamos que tais informações foram inspiradas pelos espíritos iluminados do Senhor.

Em continuidade surgiram os textos do *Novo Testamento* (escritos por volta do século I ou II). E do mesmo modo as notícias sobre a implantação do "Reino de Deus" são fortalecidas, ratificadas e mais objetivas em forma e conteúdo.

No século XIX eis que surge orientada pelo mundo maior a Doutrina dos Espíritos (ou o Espiritismo, termo criado por Allan Kardec). E, na obra básica doutrinária, as informações sobre a transformação do planeta não só ressurgem com toda a sua potência, como também é esclarecida em seus mínimos detalhes.

De acordo com os espíritos superiores que apresentam as informações, é o próprio Cristo quem lidera o movimento de renovação terrestre, auxiliado por um sem número de espíritos das esferas mais elevadas do Universo.

Conforme a Doutrina Espírita, nós somos:

a) Um espírito encarnado;

b) possuímos um corpo físico (por empréstimo, temporário); e

c) possuímos (também por empréstimo) um corpo

semi-material (conhecido por 'perispírito') que une o espírito ao corpo físico (matéria).

Então, a Doutrina dos Espíritos "matou a morte" como a conhecíamos, pois "morrendo" o corpo físico, permanecem ainda o corpo energético e o espírito.

O "espírito associado ao corpo energético" continuará a sua existência e, para depurar-se, se submete ao processo da reencarnação (aliás, um ponto fundamental na crença da Doutrina Espírita).

A questão primordial é que, no atual momento pelo qual passa o nosso planeta Terra, as *condições energéticas* atuais também estão em estágio diferenciado dos estágios anteriores.

O planeta também evolui energeticamente, como um resultado da soma positiva dos seus habitantes. Vamos relembrar as leis do magnetismo (atração e repulsão). Espíritos energeticamente incompatíveis com a nova condição planetária, muito provavelmente não conseguirão aqui manter-se (a não ser sob graves intercessões dos espíritos).

A aceleração do movimento regenerador se deu, como se pode perceber, com a vinda do Cristo ao nosso orbe (século I da chamada Era Cristã). Jesus é o 'governador espiritual' do nosso planeta. Ao encarnar entre nós, seres humanos, espíritos falíveis, se iniciou a "contagem regressiva" para os mais 'teimosos'. Ou seja, a contar do advento do Cristo, se passaram praticamente dois milênios, um tempo considerável para os alunos mais rebeldes desta escola chamada Terra.

Ainda assim podemos compreender que não haverá um "tribunal", onde seremos "julgados" e absolvidos ou condenados pelos nossos acertos ou nossos enganos. Relembremos ainda o profeta Ezequiel (33:11): "O Pai não quer que o ímpio se perca, mas que se converta e viva...". E o mestre Jesus, da mesma forma, disse que "não era desejo do nosso Pai que se perdesse uma só de suas ovelhas" (Mateus, 18:12-14).

Dentre as muitas (milhares de milhares) moradas existentes nos Universos, receberemos novas oportunidades de crescimento, de evolução, de progresso. Contudo, estaremos, por algum tempo (que só dependerá de nós mesmos) distantes dos corações que aprendemos a amar (apesar das nossas muitas fragilidades e imperfeições).

Conforme as inúmeras mensagens, dos diferentes espíritos, em diferenciadas épocas, que orientam a Humanidade, nós tecemos as nossas "roupas espirituais" a cada dia, por meio das nossas palavras, nossos atos, nossas intenções, os nossos pensamentos (veja, por exemplo, os livros do espírito André Luiz).

O mestre da Galileia ensinou ainda: "Não cai um só fio de cabelo de vossas cabeças sem que o Pai o saiba..." (Mateus, 10:29-30). O "corpo energético" (perispírito) é o maior e melhor "gravador de sons e imagens" projetado por Deus. Nele ficam retidas todas as nossas vivências físicas e mentais.

Quando os espíritos superiores nos falam sobre "exílio", "seleção", "separação", o principal instrumento de autoavaliação será, invariavelmente, o corpo energético de cada um de nós. Não há como ludibriar a realidade imposta e impressa em nós mesmos. A seleção é feita com bases nas energias positivas e/ou negativas (individuais e/ou coletivas) que possuímos ou construímos.

Aí supomos se acha a raiz da dificuldade que alguns 'reencarnantes' estão encontrando para efetivarem os seus projetos (ou planejamentos) das suas novas existências terrestres. Os corpos energéticos das mães terrestres já estão diferenciados e o "conflito energético" é inevitável, de acordo com a Lei do Progresso (veja *O Livro dos Espíritos*).

De acordo com esta ideia, pode-se perceber a racionalização do "exílio"; trata-se, portanto, de uma questão de compatibilidade (ou de incompatibilidade, dependendo do ângulo) energética (ou fluídica, como dizia Kardec).

Pensamos que tal processo renovador ocorra, obviamente, no indivíduo e nas coletividades, pois seria uma contradição se assim não fosse.

O que é apresentar disposição para o bem? Ora, é desejar o bem, no fundo de nossas consciências, é querer o bem. E quanto a isso acreditamos que não há dúvidas.

Cotidianamente, podemos verificar quantas criaturas ao nosso redor praticam, falam, querem o bem. Quantas pessoas realmente perversas nós temos conhecimento? E, contrariamente, quantas pessoas, em nosso 'perímetro vivencial', estão dispostas a auxiliar, a ajudar, a acudir e que temos presenciado em nossas existências? Quantos querem o bem? Nossos corações afirmam que já somos a maioria, com certeza, independente de dados quantitativos.

E, pensando em dados numéricos: quantas pessoas se declaram religiosas no planeta? A minoria? Quantas pessoas, além de professarem, praticam algum tipo de religião no mundo? A minoria? E ainda que não professem ou pratiquem religiões, quantas pessoas praticam o bem? A minoria? Basta observarmos os relatórios estatísticos mundiais para verificarmos que, realmente, não somos a minoria.

Considerando que a maioria dos habitantes do planeta Terra (encarnados e desencarnados), já está se modificando (predispostos ao bem), há que se aceitar o processo regenerador que se opera.

Façamos um exercício prático, iniciando-o no âmbito das nossas relações pessoais, perguntando, por exemplo:

a) Quantos indivíduos realmente "maus" nós conhecemos (ou convivemos) no ambiente familiar?

b) E em nossa rua, quantos são realmente perversos?

c) E em nossos bairros, quantos sabemos verdadeiramente maus?

d) E em nossas cidades?

Ora, se estes indivíduos (os verdadeiramente maus e perversos) são poucos, eles representam uma minoria (insignificante) diante da maioria renovada.

Por mero exercício, também suponhamos que a encarnação do Cristo no nosso planeta representasse o ponto medial do processo de renovação. Assim, daqueles dias aos nossos estaríamos em marcha para a "saída do túnel". Pois, de acordo com o espírito Emmanuel "(...) a Humanidade atingira a sua maioridade espiritual (...)". Maioridade representa responsabilidade, portanto, todos nós estamos envolvidos neste processo, sem isenções.

Pensamos que não podem existir dúvidas a respeito desse assunto, mesmo porque todas as informações colhidas e apresentadas não abrem espaços para estas elucubrações. Como saber se somos regenerados? Basta responder as seguintes perguntas:

a) Quantos de nós desejamos o mal?

b) Quantos de nós queremos a doença?

c) Quantos de nós aspiramos a guerra?

d) Quantos de nós buscamos a fome?

e) Quantos de nós nos comprazemos com a violência, com a dor, com o desespero, com a miséria, enfim?

Quando alguns preferem vislumbrar somente o mal que se nos apresenta nos dias atuais, pensamos que é hora de refletirem sobre as suas predisposições para o bem.

Também como mero exemplo, podemos observar nos ambientes espíritas que ainda há aqueles que preferem ver as irmãs e os irmãos desencarnados como "demônios", que transformam as realidades do mundo maior em uma espécie de extensão do "inferno medieval" (e assim fica muito mais fácil "culpar" alguém por nossas falhas e erros).

Mas, supondo que o mundo espiritual está a milhares de anos luz a nossa frente, em termos de progresso e evolução, onde estariam esses "demônios" desencarnados? Onde se localizaria o "inferno" (sob a nova denominação de 'umbral')? E os processos de limpeza das zonas inferiores, são falácias ou embustes dos mensageiros do mundo maior? O exílio seria uma balela, um 'engodo espiritual'? Uma invenção de 'espíritos embusteiros'?

Muito provavelmente todos os "corações endurecidos no mal" estão aqui e agora, entre nós, assustando os mais frágeis, ameaçando os bons. Mas por pouco tempo, pois a hora é chegada, para eles e para nós.

Quantos "obsessores encarnados" (obviamente, contidos em nossos planejamentos reencarnatórios) convivem conosco em nossas famílias na atualidade? Qual a família que não possui atualmente alguém que foge aos mínimos padrões de convivência? Obviamente, todos merecem nossas preces e tentativas de renovação; desistir deles jamais, pois são compromissos nossos, assumidos em outros tempos que não o presente. Contudo, os recalcitrantes certamente responderão pelo tempo perdido e pelos esforços alheios realizados em seu favor e que não foram aproveitados ou aceitos.

Evidentemente os recalcitrantes são minoria, graças ao Pai e Criador, porque se assim não fosse, a regeneração da maioria estaria gravemente comprometida. E, relembramos, esta é a "última chamada"; a locomotiva já está em movimento.

A regeneração da Humanidade é o cumprimento de uma promessa do Cristo, e não conseguimos enxergar ilusão nisto, diante de tudo que já nos foi passado. O que mais deseja a Humanidade, como já indagou Mahatma Gandhi? E podemos completar: o que mais desejamos nós espíritas?

Pensamos que quando sentimos no coração a dor alheia, quando desejamos minimizar o sofrimento dos outros, quando o desejo do bem penetra em nossas almas, este é um sinal da renovação, da regeneração.

É possível observar que a maioria dos habitantes do nosso planeta já deseja o bem. Campanhas internacionais são realizadas para combater a fome, a doença, as catástrofes, a miséria, a dor alheia. Povos se unem para salvar o planeta. Organizações mundiais trabalham pelo bem. E o nosso país, "Brasil: coração do mundo e pátria do Evangelho", nos dizeres do espírito Irmão X, invariavelmente se alista nestes movimentos globais.

O mundo inteiro reconhece o Brasil como um país solidário, pacífico, amistoso e predisposto ao bem. A nossa imagem internacional é positiva (ainda que uns poucos queiram manchá-la de vez em quando). O povo brasileiro é amigo, solidário, irmão, pacífico, companheiro.

O avanço das ciências é impressionante em todo o orbe terrestre. A procura por soluções para os problemas globais é parte dos projetos governamentais da maioria dos países. Como não perceber o conjunto e se prender aos detalhes menores? Como deixar de ver o todo para se prender a pequenas partes?

Conflitos armados, fome, miséria, epidemias existem, obviamente, mas são pontos regionais específicos e não representam a maioria do planeta. Aqui se faz importante tentar visualizar o todo planetário e não apenas as regiões isoladas.

Confiamos plenamente nas palavras dos espíritos superiores, que transmitiram ontem (e continuam transmitindo hoje) aquelas palavras de encorajamento e força, estimulando-nos a persistir na prática do bem (ainda que nos seja um exercício difícil, mas que não é impossível). "Para frente e para o alto", repetia incansavelmente o professor Leopoldo Machado, apesar dos entraves enfrentados.

O mal que ainda existe (embora represente uma minoria insignificante da Humanidade, repetimos) e que ainda nos é necessário nesta fase de transição, a 'morte' vai ceifando dia após dia – ele se autodestrói. E irão expiar seus erros em mundos que lhes sejam adequados em termos vibracionais. É a Lei do Criador, confiemos n'Ele.

Façamos nossos 'autoexames conscienciais', porque a hora é chegada.

a) Qual é o nosso estado espiritual atual?

b) Quantos créditos positivos nós possuímos em nosso favor (horas de trabalho no bem)?

c) Como anda o nosso perispírito, que grava todas as nossas vivências e aspirações?

Nosso desejo maior neste momento é que possamos continuar em nossas lutas interiores, e consigamos superar todas as nossas inferioridades que ainda ofuscam a nossa luz, e assim caminharmos unidos no e pelo bem em direção a uma nova Terra e a um novo 'céu'.

Allan Kardec assim encerrou o livro *A Gênese* (2005, p. 586):

> Os incrédulos rirão destas coisas e as qualificarão de quiméricas; mas, digam o que disserem, não fugirão à lei comum; cairão a seu turno, como os outros, e, então, que lhes acontecerá? Eles dizem: Nada! Viverão, no entanto, a despeito de si próprios e se verão, um dia, forçados a abrir os olhos.

O bem é sempre vitorioso porque é a vontade do Pai e Criador. O bem é real ainda que, aparentemente, assim não nos afigure. E, no atual estado planetário, o bem é o desejo da maioria, reflexo do processo regenerador.

Certamente não nos basta 'acreditar' nas forças do bem, urge colocá-lo em prática ("fora da caridade não há salvação"). Pensar no bem é já o bem em ação, mas devemos praticar (com esforço) a elevação mental contínua, primeiramente, e depois praticar o bem.

Porque já somos regenerados e não podemos perder este novo 'céu' e esta nova Terra!

Este livro representou a nossa tentativa de revigorar as nossas forças, alimentando o otimismo operoso (e operante) de nossos espíritos ainda frágeis, porque somos todos, indistintamente, filhos de Deus e herdeiros da Luz Divina.

É o nosso maior desejo, neste momento, que todos tenhamos forças suficientes para merecermos o **novo planeta** que se está estruturando. Que as nossas orações possam fortalecer as nossas vontades e, assim, consigamos caminhar em direção ao bem eterno. Sigamos em frente, irmãos e irmãs. O Cristo está mais próximo de nós do que podemos supor.

O bem é o nosso roteiro e a luz é o nosso destino. Avancemos regenerados! O mestre Jesus nos aguarda! Confiemos.

Relembremos, ainda mais uma vez, o nosso rabi da Galileia, quando prometeu: **bem-aventurados os mansos, porque eles herdarão a Terra!**...

Que as nossas palavras finais estejam mergulhadas nos mais profundos agradecimentos aos irmãos e amigos do Mundo Maior, ao eterno mestre Jesus e, acima de tudo, ao Pai e Criador de todas as coisas.

Bibliografia

ARMOND, Edgard. *Os Exilados da Capela*. 22ª ed. São Paulo: Aliança, 1987.

BARROS, Newton Gonçalves de. *Entre Verdades e Sorrisos*. Rio de Janeiro: EdJH, 1991.

BÍBLIA SAGRADA (versão digital). Seafox/Terra Santa/ James King/Vozes, 2005.

BÍBLIA SAGRADA. Trad. J. Ferreira de Almeida. 63ª ed. Rio de Janeiro: IBB, 1986.

COTRIM, Gilberto. *Fundamentos da Filosofia* – Ser, Saber e Fazer. 11ª ed. São Paulo: Saraiva, 1995.

IBGE (Instituto Brasileiro de Geografia e Estatística). *População Brasileira* – Estatísticas. Rio de Janeiro: IBGE, 2001.

BIBLIOGRAFIA

KARDEC, Allan. *A Gênese*. 29ª ed. Rio de Janeiro: FEB, 1986.

_____. *A Gênese*. Edição especial. Rio de Janeiro: FEB, 2005.

_____. *A Gênese*. 1ª ed. Rio de Janeiro: CELD, 2003.

_____. *O Céu e o Inferno*. 29ª ed. Rio de Janeiro: FEB, 1987.

_____. *O Evangelho Segundo o Espiritismo*. 91ª ed. Rio de Janeiro: FEB, 1986.

_____. *O Livro dos Espíritos*. 60ª ed. Rio de Janeiro: FEB, 1985.

_____. *O Livro dos Médiuns*. 52ª ed. Rio de Janeiro: FEB, 1986.

_____. *Obras Póstumas*. 22ª ed. Rio de Janeiro: FEB, 1986.

LALANDE, André. *Vocabulário Técnico e Crítico da Filosofia*. 10ª ed. Portugal: Porto, s. data.

MOURÃO, Ronaldo Rogério de Freitas. *Astronomia e Astronáutica*. 3ª ed. Rio de Janeiro: Francisco Alves, 1981.

NOVA ENCICLOPÉDIA BARSA. 6ª ed. São Paulo: Barsa--Planeta Internacional, 2002.

NOVO AURÉLIO SÉCULO XXI: O DICIONÁRIO DA LÍNGUA PORTUGUESA. 3ª ed. Rio de Janeiro: Nova Fronteira, 2002.

ONU (Organização das Nações Unidas). *The World at Six Billion*. ONU, 2006.

PEREIRA, Yvonne do Amaral. *Memórias de um Suicida*. 13ª ed. Rio de Janeiro: FEB, 1986.

PIRES, José Herculano. *Pedagogia Espírita*. Minas Gerais: Editora JHP, 1990.

_____. *O Espírito e o Tempo*. 6ª ed. São Paulo: Edicel, 1991.

RIZZINI, Carlos Toledo. *Evolução para o Terceiro Milênio*. 8ª ed. São Paulo: Edicel, 1977.

VIEIRA, Marco Antônio. *Kardequizar. A Nossa Terra é Escola.* Coletânea de artigos publicados pelo professor Newton Gonçalves de Barros no *Jornal de Hoje*. 2ª ed. Nova Iguaçu: EdJH, 2005.

XAVIER, Francisco Cândido; EMMANUEL (Espírito). *A Caminho da Luz*. 14ª ed. Rio de Janeiro: FEB, 1986.

_____. *O Consolador*. 13ª ed. Rio de Janeiro: FEB, 1986.

XAVIER, Francisco Cândido; ANDRÉ LUIZ (Espírito). *Obreiros da Vida Eterna*. 15ª ed. Rio de Janeiro: FEB, 1988.

XAVIER, Francisco Cândido; IRMÃO X (Espírito). *Brasil, Coração do Mundo, Pátria do Evangelho*. 16ª ed. Rio de Janeiro: FEB, 1988.

• QUARTA PARTE •

Conheça o autor

Marco Antônio Vieira nasceu em 12.07.1961, em Nova Iguaçu, RJ. É casado com a professora universitária e pedagoga, Mabel Farias do Nascimento, e pai de três filhos: Daniel, Fernando e Sophia.

Nascido em família espírita, seus avós maternos (Isabel Rodrigues dos Santos e João Rosa dos Santos) foram trabalhadores 'da primeira hora' do Centro Espírita Fé, Esperança e Caridade – CEFEC, de Nova Iguaçu, trabalhando em prol da Doutrina Espírita ao lado de Leopoldo Machado, Marília Barbosa, Newton Gonçalves de Barros, Vitorino Elói dos Santos (vovô Vitorino) e tantos outros importantes seareiros da Baixada Fluminense, desde a década de 1930.

Frequentou a Mocidade Espírita do CEFEC nos anos 1970 e, no início dos anos 1980, juntou-se ao Grupo Espírita da Fraternidade Irmã Scheilla – GEFIS, de Nova Iguaçu, sob a coordenação do professor Newton Gonçalves de Barros.

Foi aluno do tradicional Colégio Leopoldo, de Nova Iguaçu, instituição na qual, mais tarde, também foi auxiliar de coordenação e iniciou sua carreira de professor.

É militar da reserva do Exército Brasileiro, onde recebeu a distinção "Honra ao Mérito", em 1985.

Foi primeiro colocado no "Curso Livre de Jornalismo" da Fundação Assis Chateaubriand do Rio de Janeiro, em 1990.

Graduado em Pedagogia (pela Universidade Castelo Branco – UCB) e em História (pela Universidade Estadual do Rio de Janeiro – UERJ). Possui pós-graduação em Administração Escolar, Orientação Educacional e Supervisão Escolar (pela Universidade Federal Fluminense – UFF). Com mestrado em Educação (também pela UFF), foi aprovado, em 2003, para o Programa de Doutorado em Educação, da Pontifícia Universidade Católica de São Paulo (PUC-SP), curso não concluído.

Trabalhou como coordenador pedagógico, professor e orientador educacional em várias escolas de ensino fundamental e ensino médio da Baixada Fluminense, entre os anos de 1986 e 1998.

Desde 1997 é, também, professor universitário e atua no setor privado do ensino superior, com experiência nos cursos de Pedagogia, Serviço Social, História, Geografia, Letras e Administração, em diferentes instituições de ensino superior no Estado do Rio de Janeiro. Atualmente, é professor de História da Educação e Pesquisa e Metodologia Científica.

Desde 2004 reside em Niterói, RJ, onde frequenta

o Centro Espírita Irmã Rosa – CEIR (em Santa Rosa), o Centro Espírita Amor e Caridade – CEAC (em Pendotiba) e continua como expositor do GEFIS (Nova Iguaçu). Além de um livro universitário e artigos publicados em revistas especializadas (USP, UNIABEU, UNIG), é autor de dois livros espíritas:

- *Kardequizar. A Nossa Terra é Escola*. Em segunda edição – Editora do Jornal de Hoje, 2003.
- *O Homem de Nazaré*. Prefácio de Cezar Braga Said. Em segunda edição – Editora Léon Denis, 2004.

Conheça também os livros:

Adolescente, mas de passagem
Paulo R. Santos • Adolescência • 14x21 cm - 160 p.
Percebendo as dificuldades dos jovens em lidar com a vida, com suas carências e limitações, Paulo R. Santos compôs este livro visando a preparação das novas gerações para as necessidades e responsabilidades que encontrarão. Num ritmo leve e prazerosamente didático, o livro é endereçado não só aos adolescentes, mas também a pais, educadores e todos os "ex-adolescentes" que buscam uma melhor compreensão dessa fase de transição.

Alerta aos pais
Francislene Magda da Silva e Márcia Adriana Clarassoti Simionato • 14x21 cm • 160 p.
Com experiência em psicologia e psicopedagogia, as autoras apresentam problemas (e possíveis soluções) da difícil tarefa de educar com amor, com equilíbrio e com respeito. Que este livro possa ser, para todos nós, pais e educadores, uma ajuda a mais na sublime e complexa missão que temos de educar-nos para poder educar melhor nossas crianças.

Como aprendemos? – teoria e prática na educação espírita
Lucia Moysés • Educação espírita • 14x21 cm • 160 p.
O que é preciso saber para se ensinar bem? O que acontece na mente de quem aprende? Essas e outras questões são apresentadas neste livro de forma clara e coloquial, permitindo que se ponham em prática as inúmeras sugestões que apresenta.

Não encontrando os livros da EME na livraria de sua preferência, solicite o endereço de nosso distribuidor mais próximo de você através do Fone/Fax: (19) 3491-7000 / 3491-5449.
E-mail: vendas@editoraeme.com.br – Site:www.editoraeme.com.br